FORCED RANKING

刚性排名

——发挥业绩管理作用

〔美〕迪克·格罗特 著

祝吉芳 译

商务印书馆

2009年·北京

Dick Grote

FORCED RANKING

Making Performance Management Work

Original work copyright © Harvard Business School Publishing Corporation.

Published by arrangement with Harvard Business School Press.

图书在版编目(CIP)数据

刚性排名——发挥业绩管理作用/〔美〕格罗特著；祝吉芳译. —北京：商务印书馆，2009
ISBN 978-7-100-05509-3

Ⅰ.刚… Ⅱ.①格…②祝… Ⅲ.企业管理：人事管理 Ⅳ.F272.92

中国版本图书馆 CIP 数据核字(2007)第 073706 号

所有权利保留。
未经许可，不得以任何方式使用。

刚 性 排 名
——发挥业绩管理作用
〔美〕迪克·格罗特 著
祝吉芳 译

商 务 印 书 馆 出 版
(北京王府井大街36号 邮政编码 100710)
商 务 印 书 馆 发 行
北京瑞古冠中印刷厂印刷
ISBN 978-7-100-05509-3

2009年8月第1版　　开本 700×1000　1/16
2009年8月北京第1次印刷　印张 19¼
定价：54.00 元

商务印书馆—哈佛商学院出版公司经管图书翻译出版咨询委员会

（以姓氏笔画为序）

方晓光　盖洛普（中国）咨询有限公司副董事长
王建铆　中欧国际工商学院案例研究中心主任
卢昌崇　东北财经大学工商管理学院院长
刘持金　泛太平洋管理研究中心董事长
李维安　南开大学商学院院长
陈国青　清华大学经管学院常务副院长
陈欣章　哈佛商学院出版公司国际部总经理
陈　儒　中银国际基金管理公司执行总裁
忻　榕　哈佛《商业评论》首任主编、总策划
赵曙明　南京大学商学院院长
涂　平　北京大学光华管理学院副院长
徐二明　中国人民大学商学院院长
徐子健　对外经济贸易大学副校长
David Goehring　哈佛商学院出版社社长

致中国读者

　　哈佛商学院经管图书简体中文版的出版使我十分高兴。2003年冬天，中国出版界朋友的到访，给我留下十分深刻的印象。当时，我们谈了许多，我向他们全面介绍了哈佛商学院和哈佛商学院出版公司，也安排他们去了我们的课堂。从与他们的交谈中，我了解到中国出版集团旗下的商务印书馆，是一个历史悠久、使命感很强的出版机构。后来，我从我的母亲那里了解到更多的情况。她告诉我，商务印书馆很有名，她在中学、大学里念过的书，大多都是由商务印书馆出版的。联想到与中国出版界朋友们的交流，我对商务印书馆产生了由衷的敬意，并为后来我们达成合作协议、成为战略合作伙伴而深感自豪。

　　哈佛商学院是一所具有高度使命感的商学院，以培养杰出商界领袖为宗旨。作为哈佛商学院的四大部门之一，哈佛商学院出版公司延续着哈佛商学院的使命，致力于改善管理实践。迄今，我们已出版了大量具有突破性管理理念的图书，我们的许多作者都是世界著名的职业经理人和学者，这些图书在美国乃至全球都已产生了重大影响。我相信这些优秀的管理图书，通过商务印书馆的翻译出版，也会服务于中国的职业经理人和中国的管理实践。

20多年前，我结束了学生生涯，离开哈佛商学院的校园走向社会。哈佛商学院的出版物给了我很多知识和力量，对我的职业生涯产生过许多重要影响。我希望中国的读者也喜欢这些图书，并将从中获取的知识运用于自己的职业发展和管理实践。过去哈佛商学院的出版物曾给了我许多帮助，今天，作为哈佛商学院出版公司的首席执行官，我有一种更强烈的使命感，即出版更多更好的读物，以服务于包括中国读者在内的职业经理人。

在这么短的时间内，翻译出版这一系列图书，不是一件容易的事情。我对所有参与这项翻译出版工作的商务印书馆的工作人员，以及我们的译者，表示诚挚的谢意。没有他们的努力，这一切都是不可能的。

哈佛商学院出版公司总裁兼首席执行官

万季美

序言	i
第一章　区分人才	1
常规性业绩管理中的困难	5
区别的需要	8
绝对比较和相对比较	10
刚性排名的依据	16
刚性排名：以企业为例	18
具体情况下的刚性排名	23
本书写作思路	29
结束语	31
第二章　风险与回报	35
益　处	35
风　险	46
结束语	66
第三章　启动刚性排名制	69
公司为优先做首要任务准备好了吗？	70
对业绩管理进行审核	71
请专家作相关报告	73
设计刚性排名制	73
刚性排名制与奖励	112

全盘考虑	113
第四章 采用适当的技术手段	115
培训评估者	115
如何应对与刚性排名制有关的一切结果	124
筹备排名会议	126
召开刚性排名会议	127
会议主持人的作用	130
结束排名会议	135
将潜在的负面影响降低到最小	136
第五章 刚性排名幕后的故事	141
需要理解的基本内容	146
一种"井然有序的方式"	149
在评估会议上	150
各种结果	154
刚性排名制与小公司	156
第六章 刚性分类	161
什么是刚性分类？	163
充分了解刚性分类	169
什么是适当的分类办法？	172
第七章 为业绩管理提供真相	177
业绩考核制度与刚性排名制	178

评估结果审议程序或等级调整程序 …………… 179
　　　建立业绩管理责任制度 ……………………… 191
　　　相对于同行 …………………………………… 200
附录 A　经理备忘 ………………………………… 201
附录 B　刚性排名制知识问答 …………………… 223
附录 C　刚性排名制与法律 ……………………… 235
注释 ………………………………………………… 269
延伸阅读 …………………………………………… 281
作者简介 …………………………………………… 289

序　言

30多年来，我帮助许多企业创建了刚性排名制，并帮助它们成功实施了刚性排名制。这方面的具体经验，是我任菲多利公司（Frito-Lay）培训与发展部主任那段时间积累的。菲多利是百事公司规模最大、效益最好的子公司。在那里，我从两种途径获取了有关经验：一是参与管理，二是作为百事公司庞大经理群的一员，每年按当时使用的 1/4 排名法接受业绩和潜力排名。1977 年，我离开百事公司，开始专门从事业绩管理方面的咨询业务。到目前为止，在我的帮助下，不少企业采用了刚性排名制，或者改善了已有的刚性排名办法。

过去几年中，有刚性排名之称的评估办法，引起媒体、咨询公司、学术研究机构的极大关注。不过，令人称怪的是，几乎所有目光都集中在这套办法的缺点和不足上。

终于在 2000 年，有关刚性排名的辩论爆发了。就在这一年，通用公司发表了"致通用公司股东年度报告"。报告

序言

中，首席执行官杰克·韦尔奇(Jack Welch)在提及公司执行多年的刚性排名制时充满了褒扬之辞。他说："我们将员工分为3档，即20%在高档，70%为中档，10%是低档。"接着，他认为必须奖励20%的杰出员工，充实他们的钱袋，同时必须将后10%的员工解雇。

在报告中，韦尔奇明确提出，每年需将一批员工解雇，如若不然，用他的话来说就是："不仅意味着管理失败，还是虚情假意的表现。"因为将来的公司领导人最终会解雇这10%的员工，让他们自寻出路，另起炉灶。唯有如此，才能创造真正的优秀企业，使企业兴旺发展。[1]

一石激起千层浪。韦尔奇报告发表不久，全美范围内很快展开了一场有关"刚性排名制对业绩管理有何益处"的大讨论。然而，讨论出现了一边倒的情况——普遍持反对意见。反方的论点是，企业每年挑排在后10%的员工解雇，这种做法不仅不切实际，对过去一直被认为表现不错，而现在却"按排名除名"(rank and yank)的员工而言，还是不道德的表现。当时，报纸连篇累牍地报导企业因刚性排名办法开除员工遭到起诉的事件，安然公司(Enron)的倒闭更成了反方的一个有力证据，因为安然公司曾大力鼓吹过其刚性排名制，还曾大肆宣扬其人才管理文化。

与反方的大声呼吁及媒体的大量曝光相反，刚性排名制的倡导者们基本保持沉默，因为负面报道并非空穴来风，像安然这样刚性排名制设计不严谨、执行不力的公司就是实例。此外，也没人指名道姓要你出来谈，所以没必要做出头鸟；另外，

序言

媒体对高调官司的舆论,以及刚性排名制给人的"不公平"的模糊印象,使使用刚性排名制的企业不愿出言自辩。

结果,刚性排名制因设计得当、执行有力而成为企业行之有效工具的报导,很难读到。在舆论出现一边倒的情况下,特别是倒向因排名而愁生计、忧虑前途的失业员工时,关于如何创建并善用刚性排名制的正面信息就更难获得了,甚至有些公司迫于压力另觅他途。

写作此书,就是为了证明,刚性排名制可以成为企业各种人才管理办法中弥足珍贵的组成部分。本书对其正确使用加以介绍。实际上,每家企业都使用为人熟知的业绩考核办法,刚性排名只不过是这些办法的补充,而非替代,因为刚性排名制可帮助企业严格区分人才,消除等级评定中的掺水现象,拉大等级距离(等级距离不大这一点常遭到员工的批评),有效平衡常规业绩考核结果。

本书将用实例说明,帮助企业严格挑选杰出人才的刚性排名制益处很多,值得采用。本书将讨论针对刚性排名办法的所有反方观点和批评指责意见;对于合理的、实事求是的意见,本书将予以肯定;被误解的地方,本书将加以解释,以正视听。

本书将讨论因刚性排名而产生的误会,例如一个最常见的误会,即刺激某些人对这一办法进行顽固抵制的原因,就是把排名最低的员工视为"绩差员工"或别的什么称呼,以表明他们的业绩令人不满,或者没达到预定目标。

当然,要经理在自己团队中挑出某个百分比的"失败者"或"没到达终点"者时,经理肯定会有抵触情绪。而事实上,

序言

他们要做的不过是在自己不算出众但还过得去的团队中挑出业绩最好及业绩最差的员工,而非具体指出是谁业绩不达标。因为只要是人,身上总能挑出一些令人不满意之处。

通常认为,排名在末位的员工必定是业绩差员工,但稍后我们就会看到,情况并非如此,他们或许是失败者,但也很可能是全明星队伍里优秀的中坚力量。

本书意在澄清视听。坦率而言,我并不认为刚性排名是一剂万能良方,每家公司都应该使用。所以,我将对刚性排名成功的条件加以解释,说明某些情况下还有其他方式更利于人才管理。

本书旨在助你更明智地选拔人才,了解人才。对那些停滞不前、不知谁为优秀员工的企业,本书可助其领导一臂之力。至于对企业人才了解有多深,是否知道企业领导潜力何在,本书将帮你作答。本书还谈到管理及管理战略,谈到领导者的推荐和培养问题,还将帮你的企业提高业绩水平,使企业经营实现良性循环。

本书主要写给重视业绩管理和人才管理的企业、负责人力资源管理的行政人员,以及那些已经或正考虑使用刚性排名制的企业高管和经理人。企业制度的设计应该行之有效,同样还要充分理解并善用置身其间的每位员工,这两者都很关键。

案例说明

本书将提到一些公司及其经营活动。凡提到公司名的

序言

地方,无论是涉及该公司自己的声明、报告,还是涉及媒体上的公开报导,所有信息皆取自人人可得的公共资源。当然,尽管每一案例的事实是公开的,但对其所做的解释,由本人负责。凡没点名道姓的公司,其信息主要来自咨询过程、私交、管理会议上的讨论、研讨会或私人往来信件等渠道。在每一案例中,公司名都进行了精心掩饰,连该公司的员工也许都认不出来。正如彼得·德鲁克(Peter Drucker)在《管理——任务、责任、实践》(Management: Tasks, Responsibilities, Practices)这本30多年前出版,但至今仍然影响很大的书的前言中所言:"如果读者看到'美国中西部硬件制造商',就能肯定该公司不是硬件制造商,不在中西部。这样不好。所以,案例中列举的事实要有忠实和确切的报道,只是具体公司叫什么名字,须经过精心掩饰。"[2]

致　谢

感谢为我提供刚性排名实战经验的各位企业经理,感谢发表有关业绩管理研究报告的学者,是他们给本书提供了丰富的信息,使本书具有很强的可读性。在这里,我还要特别感谢一个人,她就是哈佛商学院出版社的编辑梅琳达·梅里诺(Melinda Merino)。在撰写全书的过程中,她提出了中肯的意见,给我极大的鼓励和关心,并提出了很高的要求。正是由于她的高水平和好建议,使本书写作受益很大,在此向她表示感谢。

第一章　区分人才

1967年3月,我正在参加通用电气公司(General Electric,即GE)组织的青年管理人员管理培训班。27号这天,老板雷·莫勒(Ray Moeller)把我召进办公室,递过一份业绩考核表,让我核对。对我来说,接受业绩考核,这还是生平第一次呢。

看了考核表,我发现自己很糟。

当时,通用电气的业绩考核结果分4个等级:优、良、合格、不合格。我注意到,在优或良这两栏上我没有一项被选,而对所有考核点,包括领导能力、合作能力、个性等,雷给我的等级不是合格,就是不合格。

最坏的不止于此。在通用长达4页纸的业绩考核表上,最后一个问题很直接:"你愿雇用此人并委以重任吗?"表格提供了2个方框,一个为"是",一个为"否"。雷竟在"否"框中打了个勾!

我尴尬!我无地自容!

第一章

　　唯一令人欣慰的是总结部分的一处评语。在评语中，雷先总结了我所有的工作失误，然后写道："我肯定他本人并不知道这些问题的存在，显然无人告诉过他。"

　　是的，的确无人对我说过："你并没有你本人想得那么好。"只有雷直言不讳，并且让我心服口服。确实，我当时还很嫩，还没完成从学校到公司的情感转换。

　　雷填写的实事求是的业绩考核表给我当头一棒，使我立刻清醒认识到自己该认真扮演成年人的角色了！于是我立刻采取行动，脚踏实地地工作，作出必要的改变，就这样在通用一干就是5年，之后被联合航空公司聘用。我在联合航空公司工作5年之后，又改换门庭，这一次是百事公司。为此，我移师达拉斯（Dallas），在菲多利公司掌管公司所有培训工作，及管理开发业务。5年之后，我离开百事公司开始从事咨询，这一干就是15年多，可谓事业有成。

　　几年前，偶尔看到那张已显破旧的业绩考核单时，我禁不住想：若雷·莫勒与其他许多经理一样不直言相告，情况会怎样？

　　雷有勇气说真话，真话确实令人不快，但作为经理就该有一说一，像雷那样坦诚相见。然而事实上，许多经理或许会对我蹩脚的成绩避而不谈，并找出大量借口为我开脱，诸如："这是该人第一次接受考核……相信他会随着时间的推移而逐步成长起来……""该人年纪尚轻，不能在档案上留下污点，那样会毁了他的前程……""迪克脾气有些火爆，所以不便与他发生冲突……""如果给他很低的等级，学员们会认

区分人才

为我不通人性,以后再招学员就难了……"。很显然,要是当初那份业绩考核没如实反映情况,我也许永远自以为很棒,结果到头来一事无成,绝不可能成就今天这番事业。

不过,业绩考核并非总能起到这样正面的效果,有时甚至会适得其反,尤其在上下级一齐坐下来讨论业绩考核结果时。大约2年前,妻子、我,以及我们公司的网络工程师和他妻子伊莎(Esther)在一家墨西哥餐馆共进晚餐。餐中闲聊时,伊莎谈起当天她与老板的面谈。面谈时,老板把自己填写的业绩考核表拿出来,让她过目。这张考核表对她在美国这家最大慈善服务机构前半年的表现进行了评估。她对老板的评价感到不安。

得知评估结果之后,我们都觉得她没理由不安,因为老板在每个观测点上都给她打了"优"。

"可我知道自己并没那么优秀呀!"她说,"我只干了半年,还有好多要学。我自认为很努力,但还是至少做砸了一件事——对此事他连提都不提。他并没把该说的都告诉我。他为什么不说实话?"

或许,伊莎的情况有些特殊,其特殊性在于判分不够严格,所以认为这种业绩考核有失公正。她需要的是直言相告,其中既包括诚心的表扬,也有诚恳的批评,还要指出缺点及有待改进之处。她要的是真话,而得到的却是名不副实的过高评分,这使她不知自己究竟在哪些方面做得好、哪些方面做得不好。

假如经理履行其职,忠实地评价下属业绩,并将结果坦

第一章

白相告,伊莎这样的不满就会绝迹;假如经理拿出雷·莫勒当面挑我毛病时所表现出的勇气,几乎所有公司的业绩考核活动都有可能达到信息成功反馈、员工人尽其才的目的。

可是,当真正面对下属,向他传达真实考核结果时,太多的经理选择了退缩,宁愿生活在所有人都很优秀的虚构的世外桃源里,不愿诱发任何可能的冲突。

说一千道一万,经理真正需要做到的仍是:一字不差地指出下属不足,准确评估下属业绩,同时让下属明白无误地了解自己所处的等级。对员工表现及潜力进行真实评估,有利于企业在至关重要的问题上作出正确抉择。这些问题包括:

> 如何分配奖金?谁该加薪?谁该降薪?
> 职务出现空缺时,谁该晋升?是在单位内部寻找最佳候选人,还是到外单位招聘所需人才?
> 我们的人才库有多大?有能满足未来需要的人才吗?
> 我们的人才在什么方面力量相对较强?公司内部有杰出人才和一般人才之分吗?
> 在人才评估及业绩考核上,我们有公正的平台吗?公司内部各位经理及各部门使用的标准一致吗?标准合理吗?公司内部是否有些部门将标准定得比其他部门苛刻?
> 我们应该培训、开发什么样的人才?怎样培养人才能获得最大收益?

区分人才

- 公司里谁在目前工作岗位上表现突出、作用潜力最大？对杰出人才,我们能保证他们不外流吗？对此有无相应策略？
- 公司里表现最差的是哪些人？对他们需要做什么样的处理？哪些人有挽救余地？哪些人应该裁掉？

成熟的业绩管理制度需精心设计,执行时要注意技巧和方法。缺少这样的制度,对上述问题的回答一定会大错特错。更糟糕的是,如果上述问题无人提出,公司在实现战略目标的路上将会两眼一抹黑,无从判断自己是否有实现目标所需要的人才。

常规性业绩管理中的困难

今天,常规性业绩考核制度及手段的低质、低效引起的牢骚,是企业最寻常的牢骚之一,而且每个部门都有人在大发牢骚:牢骚来自各个级别的员工,他们自称是考核制度的牺牲品,认为这种制度只看缺点,目的是夸大错误和瑕疵;牢骚来自经理,因为他们须按要求对员工进行考核,但自认为在此方面做得不到位,准备不充分;牢骚来自公司行政管理人员,这些人需要可靠的数据来证明公司员工的业绩和才能,然而却发现这套业绩考核制度并不管用;牢骚来自人力资源专家和管理人员,这些人负责正确制定并有效执行各项制度,可当事与愿违时,却逃避责任……好像人人都对目前的状况牢骚满腹。

第一章

　　一个似乎能激发巨大效益潜能的管理工具,为什么用起来这么不顺手?其实,业绩评估的难度始终都存在,所以坦白、有效的反馈更需要耐心和技巧,而经理们不愿善用业绩管理制度的一大理由很清楚,即这套制度要求他们将员工业绩分出三六九等。

　　为什么常规性考核制度不起作用?除明显重大失误或突出的成绩这些特例外,绝大部分原因是,对员工的不满,经理们感觉很难说出口。为避免矛盾和冲突,经理们常常扭曲自身意愿,既不厚此也不薄彼,选择了平均路线,结果是人人都得到满意的评估等级。许多企业在有关制度中为实事求是的评估设置了障碍,从而使问题显得越发复杂。例如,假设业绩考核制度与工资涨幅紧紧挂钩,那么经理就陷于是诚实评分、还是网开一面的两难境地。可以理解的是,每个经理都想对部下宽容一些,因而或许会有意提高下属考核等级,好让下属多一些收入。

　　还有一个障碍被许多公司的制度设置在考核过程之中,妨碍了对不同业绩的准确评分。这个障碍就是经理须得到特许才能给出最高或最低的考核评分。例如,某大型石化公司业绩考核表提供了一个人人熟悉的5档等级法,但是在结尾部分还有一个方框用于标注员工总成绩,考核人员须在此方框内打勾,同时该部分还有一句说明:"如果等级为不合格或基本合格,请与人力资源部联系。"仅仅这一要求就足以让所有的等级集中在中间段内,因为经理会提高基本合格或不合格人员的等级,以避免向人力资源部解释自己为什么不开

区分人才

除这些落后员工。尽管这些相关规定自有其道理,但结果却缩小了员工业绩考核成绩的差距。

詹姆斯·布赖恩·奎因(James Brian Quinn)等曾在《哈佛商业评论》中发表过一篇题为"管理人员的职业智慧:让优秀员工人尽其才"的文章。在该篇文章中,他们认为真正的专家乐于接受评估,乐于竞争,乐于知道自己比同事优秀,不过他们想得到的是客观评价,希望作出评价的人是本专业的顶尖人士。

在杰出企业里,激烈的内部竞争、频繁的业绩考核及反馈已经司空见惯。因此,对人才一般有个逐步筛选的过程。例如安德逊咨询公司(即 Andersen Consulting,现在叫安德逊公司,即 Accenture)在精挑细选出来的专家中,只选10%的人作为公司合伙人,而这一挑选过程所需时间长达9—12年。又如微软公司,每年都会解雇业绩考核等级排在最后5%的员工。大企业对考核对象毫不留情,因为大企业经营的失败往往由于疏于对员工进行客观评价,疏于对员工去芜存真。[1]

上述业绩考核中的常见问题,也是考核中的固有问题。经理在对员工个人进行考核时始终惴惴不安,特别当自己的评价可能影响到员工的晋升和加薪时尤为如此。对此,解决方式不是废除业绩考核制度,而是要做好两件事。首先,确保业绩评估制度的更新,做到表扬先进,有效利用公司所有

7

第一章

员工,因此这一制度要尽量完善起来;第二,无论业绩考核制度设计得如何天衣无缝,效果如何好,都要明白一点:这一制度的结果有其内在局限性,即使最佳业绩评估制度也不能完全达成所愿,而一般业绩考核制度难以完成的就是确保将人才真正分出等级来。

所以,有必要进行刚性排名。与常规性业绩考核不同,刚性排名是一个管理过程,要求经理考核员工业绩,并对员工业绩进行比较。常见的业绩考核制度给经理的一个问题是:乔治的达标情况如何?而刚性排名提的问题则是:与鲍勃、莎丽、乔相比,乔治的达标情况如何?此外,尽管业绩考核的焦点是员工前12个月的业绩,刚性排名考核的问题会包括:乔治的后续表现会怎样?刚性排名要求经理将人才归类,如前20%、中间70%、后10%,或者采用其他分类法。所有分类法都要求有区别,同时为区别等级提供充足保证。

区别的需要

拉里·博西迪(Larry Bossidy)是霍尼韦尔公司(Honeywell)的总裁,前通用公司首席运营官,他认为:"区别员工好坏有如甘甜的乳汁,哺育业绩型文化的成长。"[2] 将所有人混放在中等分数段上,或者优秀员工数量极少,但等级大致相同,或把大多数人都视为公司中坚力量,或者排名过程中几乎无人评分处在边缘线上……这些做法的直接后果是创造出一种平庸型的企业文化。优秀员工很快发现自己的顶头上司或者整个企业将自己与较差的员工同等对待。结果,他

区分人才

们不是跳槽到真正能做到奖勤罚懒的企业,就是放任自己走下坡路,只满足于保持在中等偏上水平,而业绩考核成绩最差的员工则发现自己在这种文化氛围中如鱼得水,不想做就不做,没人向他们提出更高要求。

将这种平庸型文化转化为责任型文化、区别型文化,是高效业绩管理制度的一项任务,如果这一制度设计合理、执行得当,任务就能圆满完成,就不要求刚性排名。其实,标准的企业业绩考核制度设计得越合理,使用越得当,就越没有对员工正式分类的必要,高效考核制度完全可以区别企业内各员工贡献的大小。如果贡献大,就对其进行奖励;如果没有贡献,就责令其改变自己,不然就走人。不过,有效使用企业业绩管理制度要求经理直面严酷的现实,直接找员工谈话。但是,常规性业绩评估制度无法解决经理们意见不一致的现象,有效的跨部门比较并不是这一制度要解决的问题,因而不能反映各部门员工之间的优劣程度,所以,要解决上述问题就需要另一种办法。

坦白而言,我相信业绩考核,深信业绩考核是企业影响、引导、提高员工的一个最有效手段。业绩考核左右着许多关键领域,如奖励、晋升、发展、终止合同、事业前途……因此,做好业绩考核,是我们的道义责任。现实生活中,每个企业的每名员工都在寻求两个方面的答案,作为企业领导,诚实地作出回答,是起码的义务。这两个问题是:企业对我有什么期望?怎样做才能不辜负企业的期望?

至于为什么进行业绩考核,除了企业管理上的原因外,

第一章

还有道义之故，特别是当经理与员工坐下来，通过企业常规性业绩考核办法来讨论这两个问题的答案时，更存在道义上的问题。无论业绩考核是否与奖罚有关，业绩考核、与员工面谈考核结果的最基本原因是，我们在道义上有必要这么做。经理越讲道义，整个企业的业绩就越令人满意，因为人人都知道自己该干什么，也愿知道自己的业绩水平。不过不管经理多么坦诚相告，员工知道的仍然不可能是全部真相。

绝对比较和相对比较

对第一个问题"企业对我有什么期望"，我们通过设定目标、明确工作要求、清楚传达对公司员工的要求等方面来回答。至于第二个问题"怎样做才能不辜负企业的期望"，可从两方面来回答：绝对业绩和相对业绩。常规性业绩考核使用绝对比较法，而刚性排名则使用相对比较法。

绝对比较法

用绝对比较法评估某个人的业绩时，观测点就是其取得的成绩及取得成绩的方式，即其成果和行为。这是一种人与标准的比较。这种方式多见于常规性业绩考核办法，理想情况下的具体操作是：年初，山姆和老板一起核对山姆现任岗位的主要工作职责，对山姆今后12个月的工作目标达成一致意见。随后他们讨论山姆完成任务所需的行为素质（典型情况下包括交流技巧、人际关系技巧、决策能力、领导能力等高超组织能力所需的素质）。接着谈到山姆的发展计划，还

讨论山姆业绩的评估方式。

年中,老板对山姆进行中期检查,了解最新进展,进行信息反馈,并作非正式考核。考核阶段临近尾声时,经理要对山姆的表现进行正式评估,如在获得预期目标上、在现职岗位重要职责上、在谈论过的行为素质上,山姆表现如何?用这种绝对比较方式,经理回答的问题是:"年初制定的目标,山姆完成的情况怎样?"

常用的常规性业绩考核程序是这样对业绩进行评估的:将员工业绩与该员工制定的目标及其老板的期望进行比较。所以,年终业绩考核等级主要依据两点:目标的困难度、老板期望值的高低程度。如果目标易实现,且老板的期望值又不高,那么人人都能得优。

相对比较法

用相对比较法评估某个员工的业绩时,观测点就是与其他员工相比,他的表现如何。此时,经理提的问题不再是"山姆的目标完成情况如何?"而是"与贝蒂、乔治、汤姆相比,山姆工作业绩如何?"

相对比较法要求经理评估某个员工的业绩时,要将该人与企业内其他员工进行比较。在常规性业绩考核中得优的员工,在刚性排名,即相互比较过程中很有可能排名靠在最后,因为此时与他相比的员工才华更加出众。经理基于某员工完成任务的情况给其打很高分数,同时在将他与其他员工比较时却给很低的等级,这种情况很正常:或许山姆完成了

第一章

指标,但业绩远远落后于其他同事;或许山姆有一项指标没有完成,但本单位其他人比他还要差。

绝对比较法的问题

用绝对比较法进行业绩评估,其主要问题隐藏得并不深:如果预期计划定得较低,几乎人人都能超过;但是如果预期计划定得过高,就无人能完成。

用绝对比较法,即问"此人预期计划完成情况如何",还有一个困难,即企业内部各部门制定的预期计划也许存在很大差异。当人人都不能达到预期水平,不能得到最高等级时,就会认为经理评分苛刻,然而同一企业其他部门总有某些经理会给某些在位不谋职的人最高业绩考核等级。

用绝对比较法还有一个难处,这个难处比较微妙,即经理常常自以为定的业务标准水平下属能够达到。结果每个员工,从最差员工到明星员工,都超出预期水平,业绩没有差异,此时麻烦就出现了。更糟的是,有意或无意按下属能力高低制订业绩预期计划的经理,很可能面对下述棘手局面:

乔治经理手下有3名员工:彼得、保罗、玛丽。彼得才华出众,业绩一向突出;保罗水平中等;玛丽既无才能,又无工作热情。

在确定新年工作计划和工作目标年度会议上,乔治自以为尽了一个好经理的本分,将下属的优劣、才华、能力考虑得十分周全,结果制订出这样一个任务目标,即彼得完成任务的65%,保罗完成45%,玛丽完成25%。

区分人才

年终到了,乔治对他们仨逐个进行业绩评估。他发现,保罗完成了预期任务的 45%,玛丽完成了 28%,超额完成任务,然而彼得却没完成任务,离预期目标还差 2 个百分点。如果绝对业绩预期是乔治评估下属业绩的唯一指标,那么玛丽这个业绩最差的员工,此时就将获得最佳等级,获得高额奖金,并且得以晋升,然而彼得这个工作量比玛丽多 2 倍以上的员工,此时就将登上解雇名单。这是不公平的。

既然彼得、保罗、玛丽同工同酬,他们的业绩预期计划就应该一样。不过,这个观点与一些根深蒂固的管理原则相抵触。这些原则认为,经理在制定目标时应考虑下属的能力,明知道预期计划过高,员工完不成,就应该调低预期计划(如把 45% 的任务交给玛丽,玛丽就会不满:"他故意让我不达标。")或者来个高射炮打蚊子——大材小用(如把 45% 的定额交给彼得,而这个目标彼得不费吹灰之力就能达到)。

用相对比较法可以解决乔治经理的窘境。经相互比较,彼得明显独占鳌头,玛丽位列末等。在三个员工中进行这种相互比较,其内在公平性不会产生异议,但若在组织内部广泛使用这套方法,即根据员工业绩对比,而非以目标完成情况判断员工优劣时,很多人会表示担忧。

常规性业绩考核使用绝对比较法,要求考核者评估员工个人业绩,并十分重视这一业绩评估结果,例如彼得的业绩考核勉强合格,是中、良、优,还是优?保罗超出了预期目标?达到了预期目标?还是没达到预期目标?玛丽的总体业绩考核等级是 1 等、2 等、3 等、4 等,还是 5 等?

13

第一章

然而在相对比较法中,比较的不是表格上的数字,而是员工与员工的业绩。凭表格上的数字孤立评价员工,极易给每个员工同样的考核等级。可是,把员工肩并肩地摆在一起比较时,他们在业绩上的差异一眼可见。两种方法,一种是相对比较法,一种是绝对比较法,都没错,在对员工业绩进行全面、准确评价时,都需要。

加州大学洛杉矶分校(UCLA)法学院的两位教授甚至在《纽约时报》上撰文指出,业绩考核用相对比较法可替企业挑选更好的首席执行官。谈到公司董事会频繁到外面寻找首席执行官继任者时,他们认为应该注意的是:"许多股东青睐公司外的人才,特别在该企业刚受过丑闻打击或被负面报导后,尤为如此。殊不知,最佳人选常常出自企业内部。"

他们建议:"应该将首席执行官的职位作为奖品授予脱颖而出的行政管理人员,因为他们就是现代版的罗马角斗士。"为了能够得到晋升,行政管理人员彼此竞争,打赢这场首席执行官争夺赛的机会不会轻而易举得到,因为董事会并不完全看"他的绝对业绩如何。相反,经理能否晋升,要看他与其他经理相比业绩如何"。不过他们承认,与相对比较法相比,"绝对比较法在数字的准确性及判断的公平性上,操作起来要容易得多"。[3]

现在看看"我做得怎么样"这一问题该如何回答。如果经理只考核员工目标预期的完成情况,那么答案绝对不可能完整。只有当我们既考核员工完成目标预期的绝对业绩,又考核员工与同一单位、公司或组织其他员工相比的相对业绩

区分人才

时,我们才能得到所需信息,才能回答"我做得怎么样"之类的问题。

使用刚性排名办法的公司,要求经理使用相互比较程序,按员工既往业绩情况及领导潜能,将他们摆在不同的等级范围内。但是使用相对比较法,即将员工进行相互比较的方法,有可能引起公司文化发生动荡。《财富》杂志作家杰夫雷·科尔文(Geoffrey Colvin),在福特公司刚性排名制受到攻击时,分析了这一制度。其分析直指面临两难境地的经理们的内心深处:

> 刚性排名对福特等许多公司伤害很大的原因是,它要改变一种根深蒂固的企业文化。在福特等许许多多的公司里,尤其是大公司里,经理一般都很出色。我做得怎么样?你做得很好。人人都做得很好。然而,如果大声说,有些人做得不好,同时还要点出这些人的名字,那么必将天下大乱。我猜测,福特公司的许多律师连续20—30年得到的回答都是:你们做得好。现在,在他们年逾50,孩子都上大学了,却被告知:你们做得不好。他们这时肯定会勃然大怒。谁有理由去责怪他们呢?企业文化变化时他们站错了位置,这不能算他们的错。但不管怎样,原来的企业文化必须改变。[4]

7个月之后,福特公司放弃了刚性排名制。对广受媒体关注的这一事件,科尔文分析了各种原因:

第一章

对福特首席执行官雅克·纳瑟(Jacques Nasser)要求行政人员实行业绩排名制的举措,你也许记忆犹新。按这一制度,每位经理都要被划入 A、B 或 C 等,其中 5% 以上的人要求被排在 C 等。你也许认为,这种做法并不激进,但是在福特公司,却非常激进,所以全体企业员工群起攻击纳瑟残忍冷酷、独断专行、不近人情的提议。令人吃惊的是,被纳瑟提议激怒了的员工,对球类运动员的场上表现却反应不同:假如棒球比赛时,一个外野手打击率只有 0.125,就算他没患感冒,球迷也要他下课,而且马上就出局!而该球员 1991 年赛季里表现很出色。但哪个经理胆敢继续留他在场上,那就得保证有警察前后保护。[5]

科尔文的生动描写,得到斯科特·科恩(Scott Cohen)的呼应。斯科特·科恩是华信惠悦咨询公司(Watson Wyatt Worldwide)的研究员,曾在咨询公司做过调研活动。他在这方面的经验显示,他所研究过的企业有近 40% 的经理认为,自己企业的管理制度有明确的业绩目标,或者公司能够听取开诚布公的意见反馈。福特公司使用刚性排名制失败的原因是什么呢?科恩认为:"缺少责任关系。上级领导不对下级经理负责。每个人只负责自己的一块天地。"[6]

刚性排名的依据

在分析因刚性排名而起的争议时,拜伦·伍伦(Byron

区分人才

Woolen)顾问针对人们对相对比较法日益浓厚的兴趣进行了解释,揭示出这种现象背后的理论依据:

> 2001年和2002年,许多企业领导在大规模裁员时发现,企业没有适当的数据可用来帮助自己作出裁员决定。也就是说,他们的业绩考核制度没得到认真贯彻执行,许多等级都是虚夸的,因此无法真正依正常程序把业绩最差的员工揪出来。虚报等级的现象是以下问题的副产品:(1)彬彬有礼、一团和气的文化,这种文化过于讲究礼节,尽量避免因等级过低而招致冲突;(2)在考核制度及传达业绩考核结果方面,经理没受过专门培训;(3)经理对业绩管理制度不置可否,他们认为这种制度过于抽象,与企业目标相去甚远。[7]

除伍伦提到的问题外,实行相对比较排名制的动力来自企业的一种困惑,即企业似乎容忍由业绩平庸者组成的骨干队伍。《哈佛商业评论》的一篇题为"C等员工的一个新游戏计划"文章爆料说,在接受访问的数千名资深经理中,"96%的人认为,如果企业对业绩差的员工能够更严厉就好了。"[8] 员工满意度调查反映,业绩突出者有种未被承认感,认为自己与业绩较差员工的待遇没区别。一家人力资源管理协会(SHRM)的研究报告说:"根据对世界范围内335家公司的基层员工态度调查,发现这些公司中32%的员工认为公司能够容忍业绩差的员工。"[9] 然而,惠普公司(Hewlett-Packard)

17

第一章

曾公开承认,使用刚性排名制就是为了找出绩差员工,然后确定其去留。该公司前首席执行官卡莉·菲奥丽娜（Carly Fiorina）说过,在过去 8 年中,惠普在员工中调查发现,80％以上的员工认为公司对业绩差的员工并没作适当处理。[10]

《华尔街日报》（*Wall Street Journal*）曾发表评论,专门谈论刚性排名制在认定和开除业绩差的员工过程中所发挥的作用：

微软公司（Microsoft）、朗讯科技公司（Lucent）、康诺克石油公司（Conoco）和电子数据系统公司 EDS 都曾使用过刚性排名来保持或提高员工素质。尽管许多人不欢迎这一做法,或者认为这种每年一次的办法每年都要让员工紧张一阵,但是它至少可以解决一个真正的问题。连续跟踪调查发现,连性格最开朗的工作狂都对老板迁就业绩差的员工有怨言。麦肯锡公司（McKinsey）最近在对大公司经理进行的一项抽样调查中发现,仅16％的经理认为自己的老板知道谁是业绩优秀者,谁在工作中推三阻四。[11]

刚性排名：以企业为例

刚性排名是以下两大顽症的杀手：一是虚报等级；二是不能真正做到奖勤罚懒。

企业使用刚性排名制,可帮助经理擦亮眼睛,区分优劣。尽管常规性业绩考核制度也许允许经理虚报员工考核等级,给所有员工打优,但刚性排名制却有分类的要求。假定该制度制定合理,行之有效,就能提供常规性业绩考核制度所不能提供的信息。

尽管区分优劣自有其价值,但绝非企业使用刚性排名制的全部理由。创建刚性排名制,要求公司制定企业成功所需要的标准。以通用公司为例,它就提出了"4能"标准,用来给经理及行政管理人员打分:高潜能(energy)水平、激励员工为共同目标奋斗的能力(energize)、敢于作出抉择的能力(edge)、始终不渝信守承诺的能力(execute)。这些标准经过了多年考验,是深思熟虑的结果。当然,不同公司自有不同公司的标准,如有些公司的标准是"不凡结果,优秀表现"。无论企业确定什么标准,经理在制定标准过程中都须慎重考虑,这有助于他们界定并理解企业成功的真正要素。有关标准的讨论,常在采取什么相应措施问题上引起大规模的,甚至是激烈的争论。这种争论即使事后没采取进一步行动,还是有一定价值的。了解经理用以评估人才的标准,企业员工便可能改变自身行为,激发自身更多潜能,取得成功。

还有一个重要结果,这一结果通常不为人所承认,即刚性排名能够向企业提供经理辨识人才能力高低及优秀人才的有用数据。在我过去任职过的一家公司中,其刚性排名制的标准之一就是抉择能力。在向上级行政管理团队汇报过程中,我指出,最佳数据来源于副总裁们参加的排名会议,如谁能够举证说明下属的优缺点?经理对下属的主要优势及发展了解到何种程度?刚性排名过程强令经理们从更长远

第一章

角度考虑本公司的人才素质，而非与常规性业绩评估制度要求的一样，经理解释、说明自己评估方式的能力也为评估其领导能力提供了有益的帮助。

执行刚性排名制的另一重要原因，源于许多企业常规性业绩考核制度造成的不安气氛，而刚性排名能独立提供更为准确的业绩考核数据，能在一定程度上缓和这种不安情绪。我认为，如果业绩考核制度及刚性排名办法提供的人才数据存在很大差异，那么这种差异值得深入研究。此外，刚性排名能提供十分有价值的数据，在此方面，连最好的业绩考核制度也做不到，那就是精确的跨部门比较。因为刚性排名制评估的人数更多，且有标准可循，所以采用可以刚性排名办法进行更准确的跨部门比较。

今天，企业比前几年更重视刚性排名办法。经过几年的以多个行业大规模裁员为特征的缓慢增长时期，"人才大战"似乎再次升温。在高级人才有更多就业选择机会的经济社会里，识别并积极挽留高级人才比几年前显得更为重要。

刚性排名能提高员工素质吗？

学术性季刊《人才心理》(Personnel Psychology) 在 2005 年第一期上公布了某大型研究项目的结果，该结果对刚性排名是否确实能提高员工整体素质给予了肯定回答。但是，对于刚性排名常见的反对观点是，刚性排名的末位淘汰制基本原则有缺陷，每年 10% 的末位淘汰制绝对不可能使员工的整体潜能得到持续提高。

史蒂文·E. 斯卡伦(Steven E. Scullen)教授及其同事用数学手段构建了一个复杂而精确的模型来模仿跨国公司跨年度刚性排名制,他们称这一模型为"FDRS"。"FDRS"是他们称之为"刚性等级分配制度"(forced distribution rating system)的首字母缩写词,但该制度属于刚性排名制。为清楚起见,在引用他们的研究成果时,我将使用刚性排名这一用语代替 FDRS 首字母词。

根据史蒂文·E. 斯卡伦小组的报告,百名员工的公司中有 100 家连续 30 多年的工作认为,要对排在后 10% 的员工实行末位淘汰,再挑选最优秀的申请者上岗。在模拟真实企业的实验过程中,史蒂文·E. 斯卡伦小组充分考虑到营业额的影响、求职队伍的素质、排名的真实性和可靠性,并提出这样一个问题:"要公司淘汰所谓业绩差的员工,用潜力大的求职者取而代之,这样做合理吗?若合理,益处多大,什么时候可见效益?"[12]

得到的回答是:"结果表明,刚性排名制有可能明显地提高员工潜质,实施的头几年就可见成效,成效主要视解雇员工的百分比及营业额收入水平而定。"[13]他们明确提出,刚性排名是用兵布阵,它的制定主要基于这样一个假定,即"结果表明,刚性排名可提高员工潜质,可让潜力差的员工暴露无遗,从而让更好的员工取代他们。"[14]

斯卡伦小组发现,与解雇两三名员工相比,炒掉所有业绩差的员工,可为企业带来更大效益:"末位淘汰 10% 的效果比淘汰 5% 的效果更好。"[15]他们在考察改善淘汰制、提高求职

第一章

队伍素质对增进员工整体潜能的重要性时发现,解雇业绩差的员工可产生最佳效果:"末位淘汰是提高效益的最佳途径,有趣的是,很快营业额问题便上升到同等重要的位置。"[16]

许多对刚性排名制持批评观点的人承认,刚性排名制可提高公司员工整体素质,但这种整体素质的提高,以员工士气受挫、团队不合作、求职者不敢登门、股东信任危机等等为代价。在谈到刚性排名制对上述各方面的影响时,斯卡伦小组指出,每种情况既有潜在问题,又有潜在效益,例如他们发现,如果留用员工看不到解雇人员与留用人员之间的差异,如果看到的只是同事受到不公正对待,那么士气就会低落。然而,他们也注意到:"是否全体员工都否定刚性排名制,这一点目前尚不清楚。其实,许多员工对末位淘汰制持欢迎态度。"[17]关于团队精神,他们认为:"在员工团队合作上,可以说效果是肯定的。"[18]

斯卡伦小组在谈到刚性排名制对劳务市场观念的影响时指出,求职者在求职过程中了解一家企业文化需要有一个过程。假定求职者知道老板使用刚性排名制,觉得在这种文化下工作压力太大、风险过高,就不会考虑进该企业,这样便可能无法聘任一些高潜能的求职人员。"然而,不排除另一类求职者。他们则相反,认为这一制度能反映他们的成绩,并对他们的贡献进行奖励。此类求职者喜欢这种工作环境。所以说,刚性排名制有可能提高求职队伍的整体素质。"[19]

最后,斯卡伦小组考察了刚性排名制对股东观念的影响。尽管斯卡伦小组承认股东对公司使用刚性排名制可能持保留意见,但是由于可能引发的法律诉讼或其他负面结果,"投资者们会将刚性排名制的落实视为可靠的高效管理的一个明确信号,此类看法对股价的影响应该是积极的。"[20]

多年来,我一直认为,对多数企业而言,刚性排名制只应使用几年,一旦取得明显效果,就应转而使用其他人才管理措施。尽管一些公司几十年来一直在使用刚性排名制,效果很好,但我发现,多数组织将刚性排名制作为短期措施时效果更佳。斯卡伦及其同事的研究也证实了这一点。在文章开头,他们就明确提出使用刚性排名制的主要问题:"尽管有不断提高员工能力的诱因,我们认为,公司用新人代旧人的做法实施起来一次比一次难,因为员工越优秀,招聘比现有员工优秀的新人的难度就会越大。"[21]他们的数学模型表明,启动刚性排名制后,收效最大的时期在3.5—4.5年。他们发现,执行刚性排名制的头几年很快就能见到最佳效益。他们总结认为:"执行刚性排名制后,员工潜能提高的幅度是一个变量。显然……头几年提高幅度最大。"[22]"结果表明,我们模拟的刚性排名制可以提高企业员工业绩,特别是头几年会使企业获得最大效益。"[23]

具体情况下的刚性排名

企业将刚性排名办法运用到何种程度?难以给出确切数字,原因有二。第一,企业和经理用刚性排名一词概括不同的业绩管理技术和方法时,常会出现混乱。对不同的听众或读者,刚性排名可能有以下三种不同含义:

第一章

> 通用公司、太阳公司(Sun)、惠普公司等大型企业使用的复杂而严格的人才评估制度。这些企业除常规性业绩评估外,还要对员工进行考核,并按考核成绩和潜力进行分类。这是本书的焦点,也是发表于《人才心理》上的那个数学模型关注的制度。

> 公司常规业绩考核办法的一个规定,要求对考核等级进行具体分类。这个办法又叫刚性分类。在后面,我打算用一章谈刚性分类是否应是公司业绩考核办法的组成部分,如果是,如何正确执行。

> 一个相互比较的过程,可以是正式的也可是非正式的比较过程。在这一过程中,为达到公司的目的,将员工列在一起比较优劣。如公司裁员时,挑出企业最差员工;放发奖金时,挑出最佳员工。

本书凡谈到刚性排名制之处,都是指第一种意义,即一些大型企业用以挑选优秀人才和处理业绩欠佳者的工具。

各企业将刚性排名办法运用到何种程度?难以给出确切数字的第二个原因是,企业愿意使用刚性排名制,但不愿谈刚性排名制,所以很难得到确切的有关数据。各种原因使企业保持缄默。《员工管理》(*Work Force Management*)杂志刊登过一篇以刚性排名制为核心的题为"死人的曲线"的文章,作者安迪·迈斯勒(Andy Meisler)在请求企业提供使用这一办法的记录时,碰了一鼻子灰。他写道:

区分人才

  这是一种无情的评估办法,然而好些企业巨头都在某种程度上使用它。例如通用公司(对我们的采访要求不作回应)、明尼苏达矿务制造公司(3M)("我们不准备谈这个话题")、得州仪器(Texas Instrumental)("无可奉告")、电子数据系统公司("负责人在旅游,暂时回不来")、微软公司("我们不用刚性排名制")、惠普公司("惠普的业绩评分不是驱逐公司部分成员。惠普评估和考察员工业绩不是一天两天的事儿了,它对所有人都是一种触动,员工、团队、公司都受益")。[24]

  虽然上述公司由于可以理解的原因不愿公开讨论备受争议的问题,我们仍能对企业使用该办法的情况进行充分估计,尽管估计结果有异,但从最常见的报导可看出,1/5—1/3的大型企业——全美名牌企业,都在使用这一办法。

  "匹兹堡人力资源咨询公司根据人才开发国际2003年6月的一项研究表明,约34%的企业经常使用刚性排名制。"[25]

  "近年来,喇叭形的等级制度传播到全美约20%左右的企业。目前,很多企业都在实行某种形式的相对业绩排名办法。"[26]

  "某些形式的相对业绩排名目前在20%的企业中使用,其中包括一些美国最知名的企业。"[27]

第一章

"刚性排名制的实行已有几十年的历史,坚持这一制度的企业包括《财富》"最受欢迎企业"上榜公司,如思科系统公司(Cisco System)、英特尔公司、通用公司等。近年,由于经济发展速度放慢,人们日益重视按劳分配,所以又有一些企业——占《财富》500强的1/6,开始执行这种刚性排名制,或者订立更严格的现行制度。"[28]

最后,《员工管理》杂志曾在其网上订户中开展过一项有关企业使用刚性排名制的调查。订户的参与率很高,但是许多只是对现状加以描述,而非我们想要的具体操作方法(尽管《员工管理》提出的问题相当具体):[29]

你们公司业绩管理是实行个人刚性排名制,还是团体排名制?

是　　46%

否　　43%

不确定/视情况而定　　11%

我的保守估计是,根据在全美管理最佳、最成熟的企业中25年的咨询经验,根据我已做过的学术研究及对企业先进经验的专门实战研究,我认为《财富》500强企业中有1/4在使用刚性排名办法进行人才管理。此外,随着越来越多的企业认识到人才评估采用绝对和相互对比方法的重要性,这一数字还在增大。

然而,使用刚性排名制的只是些私营企业。虽说我的咨询工作和研究项目涵盖很多国有部门,如管理有序的州级机构、成熟城市及一些大型联邦机构,但没发现一家组织在用刚性排名制进行人才评估。其实,虽说多数州立机构和城市实行一年一度的正规的业绩考核制度,但几乎无一家企业指导经理如何对评分进行分类,也几乎从没人对政府部门的考核分数提出真正的刚性分类要求。结果,国营企业虚报分数、缺乏可信度、无差异等现象引起的不满情绪大于私营企业。

但是,企业类型对是否采纳刚性排名制影响不大,也对其执行产生不了大的影响。我曾替重工业、制造业、金融、娱乐、消费、技术等各类公司编制过政策,却未发现某类企业对此产生重大影响的案例。

但是企业规模能对刚性排名制产生影响。斯卡伦(Scullen)等作者对100家企业进行了模拟实验,在模拟过程中,他们将百名员工按10人一组分成10个工作小组。按我的经验,百名员工的企业属于中型企业,应该考虑执行刚性排名政策,原因如下。首先,在百人以下的公司里,员工彼此认识,经理稍稍伸出敏感的手指为企业把脉,就可知道谁表现出色,谁业绩平平,谁在忙于工作,谁在偷懒闲扯,所以根本无需创设一套正规的、机械的制度来了解已知情况。

至于企业规模的上限没有限定。只要公司有设计合理的措施对各部门人才进行对比就可以了。在后面章节中,我将会讨论如何在大企业里用谈话的形式确保刚性排名的准确性。

第一章

至于支持或反对刚性排名制的文化条件,我将在第三章讨论,到时我将重点探索采纳刚性排名过程中要考虑的文化因素。现在,我想谈谈一些明显的现象。假如公司更重视个人的资历而不是才能,假如企业将冲突掩盖起来,假如企业核心人物得过且过,高层只满足现状,那么刚性排名制不适合你的公司。正视现实吧,执行刚性排名制是一种破坏性行为。不论该制度设计得多科学,引起混乱的风险依然很大。我将告诉你如何尽力降低其破坏性,但不要指望其破坏作用能全部消除。

刚性排名政策在有浓厚业绩文化及领导高度重视全面业绩管理的公司更常见。希伯森咨询公司(Sibson)2004年度在对400多家公司业绩管理状况的研究中发现,排在股东资金回报率前10名的企业中有20％的企业使用了刚性排名制,股东资金回报率最低的10家企业中有14％的用了此办法。[30]

刚性排名制只是企业整体人才管理结构中的一个组成部分。坦率而言,多数情况下,企业为自己量身定做的业绩考核办法所达到的效果比刚性排名制好——量体裁衣最好。业绩考核对企业中每个人都会产生影响,但刚性排名一般用在高层员工考核中。有效的业绩考核把企业及顶头上司对员工的具体期望告知每位员工,然而刚性排名制只重视排名先后。此外,刚性排名制能够证实其他人才管理过程中的决定,如连续性计划、职业发展、干部任选和培训,它可以明确告诉你谁该留下来,谁换个老板更有前途。但是仅凭一个刚性排名制,你不可能知道怎样安排留用人员,以让他们作出更宝贵的贡献。要发挥留用人员的作用,你还需要一些配套措施。

最重要的是,刚性排名制只有在被视做一种人才管理技术,而非枪打出头鸟的做法时,才能发挥作用。刚性排名制还有一个重要方面,斯卡伦等人没注意到,企业从刚性排名制得到的真正好处不是找出并淘汰末位10%的员工,而是找出企业中的优秀人才,并扶持、培养这些高潜能的员工。尽管这一点不在斯卡伦的研究之列,但事实上,刚性排名是企业整体人才管理制度的一种手段,有此认识的公司发现找出优秀人才比拿业绩差的员工开刀更重要。

本书写作思路

以下章节,我们将详细探讨刚性排名的技巧。我将告诉你,企业为什么用刚性排名制替代已有的业绩考核办法,还要就正反两方面的意见进行讨论。我的目的不是炒作刚性排名制,而是旨在说明刚性排名若运用得当,对意欲快速加大人才管理力度的企业而言,有可能是一个有效的工具。在许多情况下,实行严格的刚性排名制,即用以挑选企业优秀人才的相对比较办法,可以产生巨大收益,很值得一试,因为它能为管理者提供真实情况。不过,我也会将不适合刚性排名制的情况据实告诉大家。

第二章"风险与回报",将讨论刚性排名制的风险与回报。在这一章中,我将介绍企业从这一办法中得到的积极结

第一章

论,同时对其消极影响也直言不讳。

第三章"启动刚性排名制",将帮助你制定正确的、能引导刚性排名活动的决策。在这一章,我将向你介绍建设有效的刚性排名制的办法,向你证明其有效性在于其公正性、人性化、可提供正确可靠信息,并能得到员工的理解和支持。此外,我还将对执行刚性排名制的文化条件进行阐述,这些条件能保证刚性排名制的成功实施,能帮助你决定执行还是放弃这一举措。我将介绍一些决策方法,如用什么样的排名方法,用什么样的标准排名,等等。我将助你确定这一措施的使用频率,确定进行排名的人员。我们将共同探讨接受排名的人应该是哪些人,应如何传达这一措施(如是否应该告诉员工他们的名次)。

第四章"采用适当的技术手段"将聚焦两个操作性问题。培训排名人员或评估人员,并让他们卓有成效地参加排名会议。本章还将提出一些办法,教您如何将刚性排名制的负面影响降低到最小。

在第五章"刚性排名幕后的故事"中,我将介绍刚性排名在大企业的实施过程,您将有机会参与创建大型刚性排名制,并观察排名会议的实况。

在第六章,我们将探讨刚性分类问题,因为这一办法常被人与刚性排名制混为一谈。经理要求用刚性排名制评估员工,并根据业绩、潜能及提升力将他们分配到既定的类别中去。刚性分类也是一项业绩考评技术,但对最高分、最低分的人员百分比进行了规定。在本章,我将区别这两个常被混淆的办法,说明如何有效执行刚性分类要求的规定。

在第七章"为业绩管理提供真相"中,我将审视常规性业绩考核过程,并介绍透彻掌握这一过程的方法。刚性排名的目的,如本书副标题所言,是发挥业绩管理作用。一家企业不管是否选择使用相对比较法作为全面业绩管理的一项活动,但几乎没有一家不使用常规性业绩考核制度。本章将向你介绍如何高效使用业绩管理的一项最新技术——评估可靠性的建立或评估标准会议,其目的是确保有一个业绩考核公平场所的存在。另外,至于如何让高管们支持业绩管理,如何建设高效的常规性业绩考核办法,本书将向你支招。

不过,本书最大的价值也许在附录部分。在附录里,我将提供自己为客户公司经理撰写的用于传达刚性排名结果的建议原文,提供与另一客户鉴定的、用于向员工解释整个过程的公平考核文件,提供某大型企业首席执行官写的备忘录副本,其内容反映出他所持的支持态度。通过这些文件,你将轻松了解与刚性排名制有关的全部内容。

对刚性排名制的最大担心一直是,这套措施可能引起一些法律纠纷。在最后一个附录里,我将分析刚性排名制涉及的法律问题。

结束语

通用总裁杰克·韦尔奇写给股民的最后一封信,在赞美对员工进行相对比较的方法的同时,还正式解雇了部分业绩较差员工。很快,这封信有如星星之火,迅速点燃了一场全

第一章

国性的大讨论。

理由似乎无懈可击。每一组员工中总有人业绩比其他人强,按惯例汰劣存良,渴望提高企业整体活力、竞争力和成功系数。也许,对那些等级较低者而言,起初会非常痛苦,但最终他们也会受益,因为他们要么会更加努力,并以团队成功一员的身份融入同事队伍,要么离开企业到别处另找较宽松的就业岗位。

当然,经理们要常常按企业长期提供的业绩管理工具干这种"剪枝"、"除草"的活儿,只是有太多的经理不愿在员工中进行这种有意义的排名活动,他们但愿自己生活在沃布宫湖的土房内,因为那儿的每个孩子都得"优"。当然,很少有人愿花大量时间替大型企业或小型企业干这种活儿。他们会说,任何企业都有一定比例的员工起着稳定船只的铁锚作用,而充当风帆这一比例的员工,企业没有也罢。

不过,相互比较法要求经理不去评估莎丽的预期任务完成情况,而是看她与玛丽、鲍勃相比业绩如何。对此做法,许多人认为有失公允。他们的理由是,经理们难道不会召集一支有才能、有干劲的员工队伍,通过这支队伍的模范带头作用使所有员工都能超额完成目标任务,而不考虑任务定得多高吗?难道一个有经验的教师不可能对一帮精力旺盛的学生提出更高期望,在学期末给每个学生都打A吗?

当然有可能。不过尽管有可能,但很鲜见。业绩质量差异倒是十分常见,甚至有时差异很大。这种差异性在课堂与工作场所都存在,而相互比较方法,即任何形式的刚性排名

区分人才

制中常提到的是,经理们看待下属业绩的方式既绝对又相对。既然如此,何不拉开员工差距,以保证员工按能取酬。刚性排名制可显示出业绩质量的差异性和业绩排名的可信性,若使用得当,能成为公司一种合理的评估方式,可准确评出哪些员工贡献最大,哪些贡献最小。

第二章 风险与回报

刚性排名制虽然遭遇大量负面报导，但这一制度对企业的益处不容全盘否定，否则它不可能如现在这样广受欢迎，也不会在惠普、百事等公司一用就是30多年。从另一方面而言，尽管对刚性排名制的大加批评有夸大之嫌，关于这一措施的微词仍有一些真实可信的中肯意见。刚性排名制不适宜于所有企业吗？当然。并非每家企业都采纳这一方法，有些开展刚性排名制30多年的企业，如陶氏化学公司（Dow Chemical）现在就已经摒弃了这一方法。那么，对刚性排名制的赞成和反对意见到底有哪些呢？

益　处

首先，谈谈设计周密的刚性排名制能给企业带来的益处和优势吧。据刚性排名制经验丰富的企业披露，该措施有其他管理办法难以企及的几大优势。

第二章

1. 刚性排名拒绝业绩考核中的虚报现象,能够反映真实的业绩管理情况。真实反映业绩考核情况可谓刚性排名制的头号优势。在按标准高低而定的常规性业绩考核中,几乎人人都能超标,所以不属刚性排名。按刚性排名制,不论员工达标情况多么骄人,只有25%的人能排在头等。

至于考核中的虚假现象,这种担心有多少事实依据?坦率而言,无人知晓,也找不到过硬的证据,倒是常有人对此现象表示不满。

关于刚性排名制有无虚假现象,人力资源管理协会曾发表过一篇研究报告。该报告的两位作者卡米尔·奥尔森(Camille Olson)和格雷戈里·戴维斯(Gregory Davis)提供了一个很有说服力的例证:"典型情况下,经理用传统的个人业绩考核办法给员工打分,然而许多公司发现这些分数普遍较高,明显有虚报之嫌。例如福特公司执行刚性排名制之前,有98%的员工在前一次考核中完全达标。其实,这一类现象在现实生活中司空见惯。"[1]希伯森咨询公司2003年度的一项研究"工作的回报",试图比较考核得分高和得分低的员工的工作态度及其价值观,但无论如何也无法保证业绩数据的准确性,因为这些数据主要来自自评报告:"长期以来,文献研究反映,员工往往高估自己的业绩水平。"在数据分析中,该项研究的执笔者写道:"几十年的研究发现,多数员工会认为自己的业绩属中等偏上水平。"[2]

一般而言,经理极不情愿对业绩差的下属指名道姓,因而许多企业充斥着各种版本的流言,说某些员工多年来一直业绩很差，有的一直延续到退休。因为一茬又一茬的经理不敢对这些人挺直腰杆说："你这样做不行。"经理的沉默，无非是为了掩饰自己的私心，避免一次为时半个小时的难堪谈话。可是沉默的同时，却令某些员工在企业多年碌碌无为，一年又一年地虚度光阴。

什么是不公平，这才是真正的不公平！这种不公平可用刚性排名制加以解决。本来，业绩差的员工可以换个企业，或者得知自己考核结果的确不佳后洗心革面，将来很有可能事业发达。但是因为经理选择沉默，同时又不打算重用他们，从而让他们在不知情的情况下，待在不能充分施展才华的岗位上终身一事无成。更糟糕的是，如经理连没达标的事实也隐瞒不报，这无异于传达给所有员工这样一个信息："在咱这里，干好干坏一个样。"

几乎所有人力资源部人员都能讲出几个版本的某某经理所经历的噩梦。该经理因不堪忍受一名下属员工的糟糕业绩，忍无可忍之下请他走人，然而上司在简单审查该员工个人资料后，发现此人很长时间以来，一直都有很好的业绩表现，便命令经理尽快恢复该员工工作。

刚性排名制有助于排除上述难堪，因为它能保证业绩考核的准确性。第一章提到的人力资源管理协会研究报告的作者指出，该办法的一大好处是能确保有一个公正的游戏平台。"在相对业绩基础上进行排名，能保证整个企业工资及资金分配的公正性。用刚性排名制决定工资发放，如规定排在最高档的员工占全体员工的百分比，排在最低档的员工占

第二章

全体员工的百分比,能保证企业有更多的资金奖励先进,并保证业绩差者不至于多拿奖金。"[3]

退一步而言,即便经理普遍能做到开诚布公地向员工反馈其业绩评估结果,也只是透露了实情的一半,另一半是员工与员工相比的业绩情况。刚性排名制为已有业绩管理手段创造了一个替代办法,能证明或否定用另一办法得出的信息。

虽然经理觉得与业绩差者公开交底有难度,但都知道无区别考核结果是严重的,会疏远绩优员工。目前,有关刚性排名制的一个普遍观点是,它有可能打击低分员工的士气。这点不假,但不要忘记,激发能力最强、贡献最大的员工的士气,比激发低效员工的士气,甚至全体员工的士气更重要。

这样说未免有些残酷,不过不理会低效员工的士气和意见是企业的明智之举,若C等员工不开心,那才是好苗头,说明企业做对了。相反,若A等员工不满意,则表明公司出现了严重问题,因为这些员工会毫不犹豫地捆扎行李,投靠真正重视才能并及时对突出表现有所回报的新公司。

2. 除为业绩管理方提供真实情况外,刚性排名制还能迫使信息公开。"不管愿意不愿意,你每天都要接受上司及同事的评估和排名。"一个经理对我说,"不同的是,在实行刚性排名制的企业里,你可清楚地知道上司对你的评价。他的评价也许准确,也许不准确,但至少你知道并有机会更正这种评价。在没实行刚性排名制的企业,或许你永远不知道自己的位置,直到晋升的不是你,委以重任的不是你,而解雇的却是你。"

说出上述这番话的经理,道出了刚性排名制的真相。其实,企业随时随地都在进行排名,特别是大家凑在饮水机等类似设施旁闲聊时,此时的即兴话题是无规则的,无通用标准的,更无精心设计的技巧和方法的。当然,企业重要决策可不用这种方式制定。

刚性排名制所做的是确保全方位考虑问题,接纳所有信息,容忍不同观念,积极弥补有漏洞的管理方法。你希望自己的决策过程始终公正吗?刚性排名制也许是保证公正性的最佳方式。

3. 刚性排名制是企业整体人才管理的一种不可多得的替代工具。 刚性排名制要求企业承认人才之间的差异。虽然差异性显而易见,但大部分经理不愿承认人才差异,也否认人才差异的严重程度。一些经理不能(或不愿)接受这样一个事实,即有些员工的表现就是比其他员工出色许多,所以需要通过铁面无情的刚性排名制让他们清醒过来,面对真相。

真相是,人才的确很重要。本研究不关注公司找出业绩差的员工的益处,只想更明确地指出,区分出优秀员工,即公司的中坚——B等员工与杰出的A等员工,将会收效巨大。"在每一行业,每一公司,都有明星,"罗伯特·凯利(Robert Kelley)在对贝尔实验室顶级人才的研究中指出,"无论财务

第二章

经理、人力资源部经理,还是硅谷软件开发商、好莱坞电影制片商、开辟新研究领域的科学家、正在结账的销售人员……约10%—15%的人远远超出同行,跻身明星级行列。"[4]

英国组织心理学家阿德里安·弗恩汉姆(Adrian Furnham)在文章中说,员工在生产效率上的差异平均约为2∶1,即绩优员工生产的产品是绩差员工的两倍左右。这个平均数适用于所有的员工。"随着工作更加复杂,生产率更高,一个熟练操作工的产量超过两个不熟练操作工。"[5]

在中等及中等水平以上的员工之间,效率差异实际上远远超过弗恩汉姆所说的2∶1的比例。在电脑编程领域,星级员工与普通员工在生产率上的差异达到8∶1,而在有的领域则更高。[6]旧金山州立大学的约翰·苏利文(John Sullivian)曾专门对企业在内部寻找和培养人才的重要性进行过评估。他认为,星级员工生产效率是一般员工的10倍(尽管工资不是10倍)。苏利文用事实说明员工业绩的巨大差异,这个事实就是除工作更出色外,星级员工的创意、创新最多,他们作为培训师、师傅和模范,能带动更多员工取得进步。[7]

除显示人才差异外,刚性排名制比公司定期考核制度更能准确地进行跨部门比较,例如总体而言营销部力量比生产部强吗?查看这两个部门经理进行的业绩考核工作,你将无从知晓。但是,刚性排名制因可越过全企业范围内的所谓重要标准,将营销部成员与生产部成员进行比较,所以能准确挖掘出真正的拔尖人才。

此外,设计到位的刚性排名方法也能准确评估人才的不同的能力,为企业提供有力证据。刚性排名制在这一方面的益处最能立竿见影,只是企业意识不到这一点罢了。想想吧,这种办法不仅能提供数据说明考核对象的素质,还能提供有关考核者的重要信息:如经理能明确阐明将某下属归在某一等级的原因吗?他们能举出有说服力的例子吗?他们替杰出员工说话吗?他们对这一办法采取敷衍的态度吗?他们轻率地发表个人见解吗?他们在不受欢迎的观点上纠缠不清吗?他们了解自己的手下吗?他们能用公司标准衡量下属行为吗?他们能用具体事例规范下属行为吗?他们对其他部门的人才关注程度如何?当话题集中于非本部门员工时,他们会转移注意力吗?他们重视多样性吗?他们对语言的细微差异敏感吗?他们愿意挑战那些给自己下属等级虚假瞒报的经理吗?他们认真对待刚性排名这一办法吗?

严格的排名制,有助于替没有能力或不愿意处理业绩差的员工的经理排忧解难。排名还为总经理们提供了一个手段,可被用来确定哪些下属经理在考核员工业绩及管理方面效果最好,哪些效果最差,这一信息殊为宝贵。

正如安迪·皮尔逊(Andy Pearson)、杰克·韦尔奇、比尔·盖茨、拉里·博西迪等著名首席执行官所言,如果企业高级管理人员最重要的职责是确保本部门有一支由杰出人才组成的梯队,那么最好的办法莫过于在排名会议上观察经理们的表现,看哪些经理认同这一职责,并有能力打造这样一支队伍。

刚性排名制为严肃讨论员工业绩开创了一个论坛。一

第二章

般情况下,多数公司不提供全企业员工齐聚一堂讨论每个人业绩的机会。当然,业绩要在传达业绩考核结果时讨论,不过那要等到经理和下属进行一对一谈话的时候。管理培训班或许也讨论员工业绩,但那是人为模拟的一种课堂环境,而且与会者一般来自不同部门,谁也管不了谁。此外,在经理就某一具体问题向人力咨询公司咨询的时候会讨论员工业绩表现。

不过,当一年一度的刚性排名即将来临之际,企业上上下下所有人都会把眼光集中到业绩、潜力、才能上,这种现象清楚地表明,公司高管们高度重视人才管理。

4. 刚性排名制可减少任人唯亲、唯亲是举的行为,还可减少企业不按业绩好坏进行奖励的现象。刚性排名制是治愈偏袒、非正当优惠待遇、暗箱炮制决策等痼疾的一剂良方,可帮助诊治按资历付酬的顽症,是企业奖励制度的驱动力量。

关于刚性排名制,反方所持的观点是,这套办法政治色彩过浓,经理们背地里会相互打招呼,要求把自己亲信的评分打到最高等级。此类现象肯定不能排除。不过,刚性排名制的设计者和排名会议的主持者一定要对政客之间玩平衡的现象保持相当的敏感性,积极采取应对措施。

遗憾的是,有太多的企业允许经理把自己部门建成小的独立王国,不管经理是否唯亲是举,也不管这种做法会斩断多少顶级人才在企业内谋求发展的念头。然而,刚性排名制能直面这种政治手腕,是消灭这一卑鄙伎俩的最有效技巧,一旦正确实施,就能制定出重要决策,作出明确判断,使考核结果经得起公众的检验。

刚性排名制还有助于企业制定决策标准,挑选企业成功所需的重要人才。要想设计一个行之有效的刚性排名制,首要任务之一就是界定评估标准。既然刚性排名制会对各部门员工的表现和潜力进行比较,那么选择的评判标准须得到全企业范围内的重视。其实,刚性排名制的一个最重要副产品就是:要求企业高管们明确本企业员工的必备素质,建立检验这些素质的标准。到目前为止,许多企业已对每位员工所需发挥的主要作用或一般作用进行了规定,还将这些作用作为刚性排名制的评估标准。此类做法将有助于进一步强化这样一个信息:管理队伍对员工作用十分重视。

5.刚性排名制为所有人事决定提供充分的、无懈可击的理论依据。这些人事决定包括加薪、晋升、奖金、发展机会、工作机会、解聘、停职等。现在,很多企业仍有大量人事决策由企业作出,诸如谁加薪,加多少;机会来时谁该晋升;企业走下坡路时谁该走人,谁应作为未来人才留下来……尽管人们普遍认为企业应该群英荟萃(除非严格按工会合同或管理条例规定,必须留下老年员工和受保护的弱势群体外),那么企业应怎样确定谁是自己的真正精英呢?

对此问题,常规性业绩考核机制没法解答,原因如下。

第二章

首先,普遍认为评分有虚假现象,考核结果没有差异;第二,企业各部门标准和措施不统一。所以,与在低要求老板手下打工的同行相比,为要求高、标准严的老板打工,当然很吃亏。早在学生时代,我们就知道,史密斯教授给你打"B"可比琼斯教授给你打"A"困难得多。同样,在企业中,与被打"优等"的同行相比,被某经理打"中等"的员工业绩可能要好得多。不过,当难得的"及格"与易取的"优"不参照任何标准进行盲目比较时,无论评估者是谁,实际业绩差的人却可能得到更多奖励。

而刚性排名制可避免上述现象发生。通过使用相互比较办法,奇迹发生了。真正的人才浮出水面,最有价值的员工奖金最高,贡献最少的员工在公司裁员时被找了出来。

6. 刚性排名制让经理和企业甩掉自满心理。怎样使企业向业绩型文化转变呢?一个最佳途径就是宣布公司将执行刚性排名制。此外,对这一制度须作详尽的介绍,还须明确告知经理他们在刚性排名中的职责,使他们注意到,也能充分认识到上层老板对建设以人才为中心的企业十分重视。在认识业绩的重要性及培养企业精英办法上,刚性排名制能起到立竿见影的作用。科林·M.奥尼尔(Collean M. O'Neill)是威廉·M.默瑟(William M. Mercer)咨询公司人力资源部长。他指出,要想吸引员工注意,可开门见山地说:"现在情况不同了,规矩变了。"这一招很有效。

当然,因排名制而生的悲观性传言,可能制造出一种高度竞争的、狼吃狼的、人人为己的恶性工作环境,因而有可能使员工产生焦虑情绪。当然,没有几个人乐意选择这样一种令人生畏的工作环境,也没有几个老板乐意追踪过分自私的刺儿头,因为这些人会在这样一个制度中传染其他员工。但是,对一大批真正希望自己才华和贡献能得到认可的员工而言,设计合理的刚性排名制十分有吸引力,他们会因为企业真正爱才,甘愿冒降级的风险。

此外,社会普遍认为,通用、百事、高盛(Goldman Sachs)或微软等企业,由于具备激烈竞争的企业文化,对有雄心斗志、才华横溢的专业人才特别具有吸引力。这些人才知道,尽管激烈的竞争使他们难以跻身高层,但在一家人才济济的企业工作几年所积累的经验是人生履历中的重要一笔,对一生的事业都将产生重大影响。

对刚性排名制,尽管有种种担忧和不满——其中有的不无道理,有的则属无稽之谈,但无人否认刚性排名制的价值。因为通过这一制度能找出并留住优秀员工,提高业绩最差员工的能力,或者将他们除名。

刚性排名制可让潜力最大的员工脱颖而出,得到应有奖励,得到更多机会,从而为企业的成功作出最大贡献。同样,刚性排名制还可用事实说服贡献最少的员工接受再提高过程,否则就请他们另谋高就。

刚性排名制可满足人的一项基本要求,即得到应该得到的。

第二章

风　险

　　刚性排名制若设计得当,执行有力,就能产生上述效益。不过,一些媒体,特别是某些主流媒体和商务杂志,对刚性排名制的报导更多只是停留在该办法不好的一面。如:员工为反对这种举措而起诉公司,排名较低的员工因企业有失公正而表示不满,揭露企业刚性排名制在设计和执行上的种种缺陷和不足……

　　使用刚性排名制的好处尽管是铁打的事实,但有关刚性排名制的一些负面问题也应该认真探讨。有关刚性排名制的问题,较突出的如下:

　　1. 这一办法可能引起文化中断,可能造成一个竞争高于合作、企业前途不容乐观的局面,可能引起不合作、不友好的过度竞争现象。这是刚性排名制最常被人挑出的毛病。联科安致信息咨询有限公司(Linkage)谈及这一点时直言不讳:"按达尔文的'适者生存'观念,竞争也许可以促使员工努力工作,创造佳绩,但文献资料反映,员工彼此斗争会产生一些负面结果,因为此类竞争并不鼓励员工之间相互帮助。"[8]

　　从现实角度而言,企业不可能一夜之间就让刚性排名制这个令人不舒服的措施一举完成企业业绩文化变革,历史悠久、文化气息浓厚的企业尤其如此。一种家长制下的"尽最大努力"的文化向冷漠的重结果的文化转变,这种转变过程必然引起内乱。

希伯森咨询公司分析报告的执笔人说得很精辟:"设想一下,数千名的老员工在连续20—30年获得优秀尽职员工称号之后,突然某一天,发现自己排在B等,甚至更低——C等;设想一下,一直用机械、宽松方式给员工评分的经理,突然有一天,在没受到任何培训的前提下,被命令对员工业绩进行严格考核和排名。这种情况在士气、生产率、忠诚度等方面造成的震撼,不言自明。"[9]

在有些企业中,数千名老员工多年来业绩得不到准确评估,如果这类企业的目标仍一如既往,建议在执行刚性排名制或类似的严格业绩管理制度时倍加小心,要了解那些长期得不到准确评分的"老"员工,也要清楚长期有欠准确的等级对竞争性很强的岗位意味着的危害有多大。只有这样,严格的人才管理办法才能战胜伴随严格业绩评估办法而生的文化休克。

当然,刚性排名制的执行会影响到企业文化,并改变企业文化。这种变化是否对企业及企业员工有利,是否增大公司成功的困扰,尚有待考察。如果公司目标是既改变文化的称谓,又建设佳绩型文化,那么谨慎执行刚性排名制可能是创造优秀文化的一种最佳方式。

其实,尽管担心刚性排名制可能将企业变成达尔文"适者生存"的游戏场所,但刚性排名制的管理者们几乎没找到任何证据证明惨烈的竞争现象的确发生过,他们看到的只是许多企业已建立了较为健康的竞争机制,这种机制成了企业的精华部分,刚性排名制多用于此类企业。简言之,刚性排

第二章

名制是有竞争力的优秀企业的又一明证。

不仅如此,作为一种排名参考标准,"团队精神"或"合作"的要求,可以缓解人们对过度竞争的担忧。中美大都会人寿保险有限公司(Metlife)的办法说明,这种担忧完全可以减轻,"中美大都会人寿保险有限公司注重个人业绩,但不允许踩在别人身上。"莉萨·韦伯(Lisa Weber)是中美大都会人寿保险有限公司人力资源部常务副总裁,她说:"你在合作与团队精神方面的评分必须很高,不然就算你业绩突出,但缺少合作精神,也很难创造佳绩。"[10]

2. 抵制——某些经理和员工会对刚性排名制愤怒地加以抵制,许多员工还可能因此士气低落。使用刚性排名制最令人担心的是经理和员工的抵触情绪。诚然,据实谈论业绩的过程往往令人如芒刺在身,如果经理们以前就能做到不给每个员工中等以上排名,实行严格诚实的业绩评估,那么一旦执行刚性排名制,等级虚报现象将不复存在,也就没有什么好担心的。

抵制刚性排名制的部分原因,还缘于对员工的界定模糊。如果硬性规定要经理找出一个不合格员工(如按太阳公司的"业绩欠佳"或"需要提高"标准找出的员工),那么刚性排名制将难以让人信服。虽然经理们可随意评价某些下属比某某下属业绩好,却强烈抗议将自己的下属列到"差"或"无法接受"档。因此,在给员工业绩排名时,必须采取中立的态度,最好按 A、B、C 等将员工进行分组排名。

排名较低的员工很可能一蹶不振,这可以理解。要解决这一问题,有必要对排在末等的员工应采取什么样的措施,进行慎重讨论后再作决定。如果一两次刚性排名之后就永远开除他们,无疑会在全体员工中制造不安气氛,甚至可能引起排名高的员工的抵触和不服气,因为被除名的员工不只是他们业绩有待提高的同事,还是朋友,更是多年共事的密友。

甚至当刚性排名制旨在鼓励员工成长发展,而非勒令低分员工停职时,也有必要对低分员工质疑排名准确度的可能性保持高度戒备状态。正常情况下,员工排名错误的可能性不大,但是尽管排名正确无误,员工个人仍有可能丧失改变自己争取进步的动力。

不过,若确有士气低落现象,需要看是谁的士气低落。安迪·皮尔逊(Andy Pearson)是刚性排名制最坚定的倡导者,主张末位员工淘汰制。他认为,如果不用刚性排名制,公司士气低落的风险更大:"某些经理会反对,理由是这种残忍的评估方式以及不可避免的裁员会涣散人心。我的经历恰好相反。我发现,令优秀员工士气低落的是,没有更高目标可挑战,公司拥有包容平庸的氛围。如果情况果真如此,优秀员工也可能按企业节奏放慢工作步伐,或者干脆辞职不干。"[11]

不过,刚性排名这一称谓的确能使人产生消极情绪。"如果目标旨在解除一定比例的员工人数,"人力资源管理协会的作者指出,"员工们对自己的饭碗就会朝不保夕。即便

第二章

目标不是解雇,员工们仍会因为有关'刚性排名'的负面宣传造成的某些认知错误,日益担心生计难保。"[12]在以后章节中,我们将讨论几个刚性排名的替代名称,这几个名称也许可使这一方法在初次引入组织时更易于被人接受。

3. 凭借刚性排名制或类似的相互比较办法作出的判断,必然是主观、臆断、欠考虑的。有关刚性排名制或类似的相互比较办法,常可听到此类批评意见。当然,无论经理用何种方式给员工评分,只要不把实际工作量与预定工作量进行比较,评估过程中的任何判断都有"主观评价"之嫌。

评估过程中显而易见的"主观性"令人不安,起因是对这一词义的误读。日常谈话时,人们往往用"客观性"表示可量化、可信度高、有绝对固定的标准可循。当然,任何不能定量的、不能数字化的测量方式——任何不经事实证明的针对员工个人的意见和判断,任何据此作出的决定,都是主观的。

这种看法尽管十分普遍,但有悖事实。"客观"有何意义?虽然引用字典上的释义于事无补,但关于"客观",字典给出的定义有一定指导性。按字典的注释,客观性与定量毫无关系。

客观:a. 不受情感或个人偏见影响的,如"一个客观的批评家",参看公平。b. 以观察为基础的,实事求是的,如"一种客观评价"。[13]

显然,客观性与可靠性无关,它的意思是排除情绪或偏见的干扰,把自己的观点建立在可观察的现象基础上,如一个人的工作业绩是可观察到的,所以一直备受关注。

人才管理制度的要求是,评估者诚实无欺,手段高超,能深思熟虑,全面考察,给出准确评分。经理们常常要在有限的、支离破碎的、相互矛盾的信息基础上作出困难的决定:对哪些项目提供资助,对哪些项目暂缓资助,对哪些项目坚决不予资助;该雇用谁,该开除谁;该在哪里选址开店建厂;今后18个月什么颜色会是青少年中的流行色……刚性排名制也不过是在有限数据基础上作出困难决定的一个例子。评估员工潜力和业绩并非像解代数题那样简单,它不具备知道所有变量和未知数就可用公式得到正确答案的条件,例如"为寻找某个客户又行了一英里"的表述不可能简化成一个可量化的、附以数字的描述,但一定可以用来作为证明鲍勃比珍妮业绩好的依据。

理查德·古德尔(Richard Goodale)曾主管过美国陆军的刚性排名制。他写道:

> 我从这一工作中学到的是,刚性排名制一旦按既定的、以企业为重的标准制定出来,一旦以人为判断作依据,就有可能成为有用的、人性化的办法。就可帮助我们这些本身有缺点和不足的人作出困难的决策,这些决策将会影响到某些人的未来。
>
> 如果我们认为,把领导放在首位的重要原因之一就是领导总是根据不完全信息作出困难的决定,那么我们

第二章

就应该支持(并努力完善)所有管理工具,如排名制,这会有助于领导怀着慈悲心理作出铁面无私的决定。[14]

员工对刚性排名制客观性的另一担心,涉及这样一种可能性,即某个人的老板长于说服,精于讨价还价,因此对员工排名的影响比该员工实际水平和潜力更大。对此,某人力资源部经理如是说:"若强行按百分比排名,那么无论如何都要将一定数目的员工排在分数最低的一组中,这要看自己的老板在人人为自己员工说话的场合里把话能说到什么程度。"他的观点表明,这一担忧具有合理性。如果排名不按员工实际业绩和潜力,而是看评估者在解释自己之所以如此排名时的讲话技巧,那么刚性排名制的公正性将功亏一篑。

渥克拉伯(Worklab)咨询公司的拜伦·伍伦(Byron Woolen)也表示了同样的不安:

> 一些公司要求经理们齐聚一堂,就每一员工的排名达成一致意见。某大型金融服务公司的某资深人力资源部员工报告说,在有关会议上,存在大量后台交易,即某经理答应同意某员工的排名,交换条件是,该员工的经理也要同意自己员工的排名。此种做法使员工对该措施的公正性、自己经理的说话分量、为确保自己的较高排名等方面,经理是否做了充分准备等方面产生了不安心理。[15]

为确保刚性排名的公正性,必须在排名过程中使用一些技术手段。在第四章,我们将详细探讨如何保证排名视考核对象的素质而非发言者的口才决定。为杜绝评估者耍嘴皮的现象,企业可采取以下几个步骤,以杜绝不正当的政治交易:

- 直接提出这一问题,使这个问题成为评估人员培训班的一项培训内容。
- 要求评估者提出证据和具体观点,证明自己的排名无误。
- 提出一个期望,希望所有参会的评估人员都能对任何事实依据不足的排名进行质疑。
- 让评估会议主持者注意幕后交易的可能性,留心企图用三寸不烂之舌取代严格排名的现象。

对刚性排名是否具有客观性的另一担心,涉及到这样一个事实,即排名过程不仅注重员工过去业绩评估结果,关注其潜力,更要对其未来可能创造的业绩进行评估。

准确评价员工的未来潜力,当然是一个主观臆测的活动。对某人尚待开发的能力进行测定,无异于在作一次前途未卜的海上航行。

但是,刚性排名制设定了一些指数,这些指数可以表明未来的状况。当然,对未来表现进行评估,最佳参照应是曾经的业绩、接受新挑战的能力(即把他扔进大海后他要么被

第二章

淹死,要么学会游泳时所表现出的能力)、独当一面时的勇气……

　　常规性业绩管理办法有一个局限,即完全受制于历史数据。"12个月之前设定的目标,戴安娜完成情况如何"这个问题固然很重要,但不是综合性才能管理应该提出的唯一问题。"将来,戴安娜换了同事,资源少了,要求反而高了,那时她的表现会如何?"这个问题更难回答,但必须解答,虽然答案也许更难得,答案的准确性更低。

　　苏珊·戈伯伦(Susan Gebelein)是明尼苏达州人力资源咨询公司人事部(HR Consulting Firm Personnel Decisions in Minnesota)常务副总裁,她说:"许多公司根据目前表现排名,这是不对的。一个员工的价值很大程度上体现在他的潜力上,对潜力也可进行排名。但是很多经理不善于看到员工的发展潜力。"[16]事实上,他们不善于挖掘员工潜力。相当一部分经理在这方面不在行,所以要求他们提高人才鉴别的能力。

　　对刚性排名制客观性的最后一个担忧是担心排名者不熟悉考核对象,评分有失准确。"要准确找出排在后10%的员工,员工人数要多,这样排名时出现的喇叭形分布才有意义,"作家德尔琼斯(Del Jones)指出,"问题是,没有一个上司对100名以上的员工工作习惯了如指掌。若团队人数较少,优秀部门优秀员工的名次可能排到后10%,而普通部门的平庸员工则有可能勉强过关。"[17]

　　琼斯说得对。接着,他在谈到如何解决排名主观性的问题时,介绍了许多企业在此方面的经验,例如召集几个老板开会,讨论其下属的业绩和潜力,从更宏观角度商讨一个自上而下的排名办法。在刚性排名运用得很好的公司里,一般情况下,最后的排名决定由考核对象的顶头上司、与该考核对象常打交道的其他部门经理、与该考核对象接触不多但颇有感触的与会者、与该考核对象无一手接触经历,但想监督刚性排名制是否按规定和标准实施的与会人员等等人,经过激烈讨论后决定。

54岁的比尔·奥尔特(Bill Ault)是福特汽车公司软件开发师兼律师,琼斯在文章中引用了自己的经历。奥尔特说,12个经理中有9个投票把他排在最后的10%,尽管"他们没法区分谁是亚当,谁是我"。[18]奥尔特的话可能有几分道理,但是另一种可能是由3位了解他的经理为他排名,而且排名决定是在9双监视的眼皮底下作出的。由于这9双眼睛的责任监督,排名实际操作过程与设计时的初衷一致,因此作出的决定公正无误。

4. 刚性排名制可能转移经理培养明星员工的注意力。 爱德华·E. 兰纳(Edward E. Lanlar)在一篇反对刚性排名制的文章中,审慎提出警告说,使用刚性排名制会让绩优员工受到过度关注:"刚性排名制还会影响经理培养员工的方式。当他们认为短时间内绩差员工会被解雇时,会认为培养这些人的投资不明智。相反,他们会把培训资金和精力放在评估之后可能留下的员工身上。结果,绩优者更优,绩差者

第二章

则根本无机会成长和发展。"[19]

兰纳说得没错。经理们当然会把时间和资金投到有望带来最大回报的员工身上,绝不会在贡献小的员工身上花费不必要的时间和金钱。

但这样做,有错吗?应该任意分配一直短缺的公司发展资源吗?应该只向为公司创造最大回报的员工提供资源才算更明智吗?事实上,几乎在每家已采纳刚性排名制的企业里,刚性排名制的目的之一就是保证有限的发展资源能投到可产生更大效益的人身上,使企业将来获得最大回报。那么,企业这种做法必然意味着不重视排在末位的员工的发展。对此,多数企业认为理所当然。

但埃德·劳勒(Ed Lawler)认为,刚性排名制有可能建立一个生产率低下的"明星"制度。对此,马尔科姆·格拉德韦尔(Malcolm Gladwell)有同感。格拉德韦尔在《纽约客》(*New Yorker*)"人才神话"一文中,针对企业过度培养杰出员工的做法,谨慎地提出了一些令人忧虑的问题,同时将安然公司的堕落很大程度上归咎于权力过分集中在人才之手这一点上。为此,他提出了一个令人不安的问题:"安然公司倒闭的原因错综复杂,这毋庸多言。但是,如果安然公司倒闭其实就是因为其人才观在作怪,怎么办?如果狡猾的员工被高估了,怎么办?"[20]在格拉德韦尔看来,人才大战就是巴结讨好A等员工。他提醒企业注意:自恋者有很大的欺骗性,这些自恋狂的魅力、精力和自信会为他们掠夺更多的奖励,这些奖励甚至有时超出了他们的实际贡献。

在指出勤奋与成绩至高无上的校园文化与企业文化之间的差异时,格拉德韦尔引用佛罗里达州立大学心理学家理查德·瓦格纳(Richard Wagner)的观点:"评价学习成绩时,一切围绕你的学习情况而定。若你与其他人合谋考试,叫舞弊。但是一旦从学校步入现实世界,你与其他人合谋,却叫合作。"[21]

格拉德韦尔认为,人才神话的缺陷来自企业错误的假设。在企业看来,"员工的智慧就是企业的智慧,他们相信明星员工,但不相信制度"。他认为,事实恰好相反:"一群作家写不出好小说,一个学术委员会提不出相对论,但是由于公司按不同规则运行,它们不仅仅创造,还要执行、竞争并协调员工之间的工作,因而在此方面做得最成功的企业是最重视刚性排名制的企业。"[22]

刚性排名制真正的风险在于它有可能导致一种过度重视人才的文化,在这种文化氛围中,个人优秀最重要,团队精神不被鼓励。从某种程度而言,这种风险还是可以得到缓解的,方法就是须保证排名标准要包括员工作为个人及作为团队成员的优秀程度。不过,低效"明星制"的风险仍然真实存在着。

5. 刚性排名制有可能对某些经理和部门进行不公正的惩罚,因为他们坚持按较高的业绩标准,不等排名会议召开就撤换绩差员工。尽管经理揪出绩差员工,并不是为了把他转到公司年度刚性排名会议上那些不好的部门经理手下,但

第二章

是如果某部门严格的业绩管理活动不被公司人才管理办法承认,那么尽管他们全年实行严格业绩管理,仍有受罚的风险。

每家公司都有几个公认的优秀部门,例如熟知内情的人都发现,西部地区分公司人才最多,提拔到公司其他地方任地区经理的人一向是西部地区分公司的经理,而这些人都在新岗位上取得了成功;凡是新办法总是先在西部地区试行,因为与其他地区的分公司相比,新办法在西部公司成功的可能性最大,被用户接受的可能性也最大;西部地区经理们是企业范围内奖励和项目分配优先考虑的人选,而他们的团队成员总能完成最大的工作量,然而西部地区分公司对犯错误的员工也从不心慈手软。

试问,执行刚性排名制时,西部地区是否也应像其他分公司一样按规定把一定百分比的员工排在末位?

如果是,该公司不仅伤害了西部地区分公司经理和员工,还极大地伤害了公司整体人才管理。按理,刚性排名过程中的人才排名应反映人才在全企业的分布状况。任何企业都有优秀人才集中的部门,也有庸才汇聚的部门。如果不允许最佳企业管理部门的领头人把大量员工排在头档,正如要求业绩最差的企业的领导不把大部分员工排在末位一样,那样员工必然会产生怀疑,甚至于对公司整个人才管理制度的有效性表示不满。

6. 刚性排名制不是可持续性办法,因为公司不可能无限

"提高水平"。几乎人人都认同这样一个观点,即一般公司都有一定数量的绩差员工或闲人,经过一两年公正的排名后,可将他们除名。安迪·迈斯勒写道:"公司若裁员,如下情况就会出现:以前得 A 的员工会得 B,以前得 B 的员工会得 C,也有连续几年得 B 的员工会得 A,以前得 C 的员工将得 B。这是一种不健康的局面。"[23]

难得的是,通用等为数不多的公司持续多年执行刚性排名制。更难得的是,他们的机制中,有末位员工被业绩更好、潜力更大员工淘汰的规定。对于没使用过刚性排名制的企业,或者没有长期的高度竞争型文化的企业而言,这种"按排名除名"的制度有时间长短限制吗?

我认为,刚性排名制在公司内的使用应有一个度。一方面,企业绝对可能在多年业绩考核制度中进行硬性名额分配(如最高分类有较多人数的规定,最低分类有极少的人数规定);另一方面,刚性排名制的使用时间自然要有限制,特别是该制度有汰劣存良规定的时候。

如果政策规定凡排名在末位的员工就要下岗,那么安迪·迈斯勒在文章中提到过的剧烈震荡就会出现,直到一两年后才能平息。在执行该制度的第一年,公司将辞掉 C 等员工,多数员工会对此举表示赞同,假如这一辞退过程比较人性化,就能给公司带来巨大效益;第二年,第一次排在 B 等末位的人,现在可能被打上 C 等员工的标签并被后人取代;第三年,最初处于 B 等上游的员工将排在 C 等,因为排名曲线上升了。

第二章

标准也许一高再高,越来越难逾越。今天的绩优员工再过一两年,就会走上断头台。此时,士气低落、员工纷纷跳槽等等问题可能一一出现。

坦率而言,在刚性排名制的头一年,公司明显的"赘肉"会被去除了;第二年,"皮下脂肪"去除了;然而第三年,公司去除的将是"肌肉";第四年,去除的会是公司的"骨头"。显然,刚性排名制并不是一个可持续性的发展制度。

这一观点通过第一章提到的数学模型可以得到证实。斯卡伦等人发表在《人才心理》上关于刚性排名制的最后一段文章,提到了我接受《员工管理》杂志采访时说过的话:"我认为大约3年之后,刚性排名制不再有效。"[24]对此,斯卡伦他们认为:"若他此言正确,当然我们亦认同他的观点,那么刚性排名制不可能长期存在。"[25]他们的模型表明,实行刚性排名制的企业受益最大的期间在头3—4年。这一计算结果与我的经验一致。

每当我为渴望了解刚性排名制(及总体业绩管理最佳办法)的公司高管们做管理方面的讲座时,提出的建议几乎一成不变,即若你觉得刚性排名适合本公司,那么就投入必要的财力和人力,尽量把它做好。试行一年后,再看结果,你会发现该办法也许有益,也许无益。若有益,按头一年的经验调高刚性排名的要求,一年后再用一次,再看结果。但是第三次使用前,甚至第四次使用前,在认真权衡所有结果和利弊之后,你会得出结论认为:"已达到目标,该换种办法了。"

7. 对员工全部是杰出人才的企业，刚性排名制不合适。讨论刚性排名制时，总会不可避免地碰到这样一个问题：所有员工都很杰出时，这个办法行得通吗？几年前，我曾在某大型化工公司年度高管会上作报告，报告中途休息期间与几名行政人员有过一次谈话，至今难忘。这是一场有关刚性排名制益处的报告，报告对刚性排名制总体上持认可态度。对此，一位行政管理人员提出了反对观点。

"刚性排名制不适合我的团队！"他说，"我手下只有3名员工，他们是爱因斯坦、牛顿、伽利略。"

"甭听他的，"旁边的同事插嘴道，"他手下只有拉里、科利和莫。"

就算是爱因斯坦、牛顿、伽利略，成就和贡献也有所不同，这一点，查尔斯·默里（Charles Murray）在《人才贡献》（*Haman Accomplishment*）一书中已进行了证明。[26] 是的，即使是最差员工，业绩也有差异，更何况那3名手下！

这一意见其实就是对刚性排名制一种十分普遍的误解，即排名在最后的人一定是业绩差的员工。事实并非如此。

注意，刚性排名制的目的是在一组人中找出他们在业绩、贡献或潜力上的相对差异。无论这组人的总体结构如何，对这种相对差异的比较都是必要的。在打赢世界联赛或世界杯的球队里，所有队员都是其他俱乐部想方设法挖走的杰出运动员，但是在这些优胜球队里，有些球员就是比其他队友优秀，就算所有球员都是世界顶级球员，他们之间也不

第二章

排除差异。

我发现一些消息灵通人士在批评刚性排名制时,也有同样的误解。他们认为,排名最低的员工是"不合格"员工,是企业"不满意"员工或"需要再提高"的员工,或别的什么评价。这是一个错误。

下面看一个真实事例。在成功使用刚性排名制几十年的陶氏化学公司,有个行政人员就犯过此类错误。"在强制执行业绩排名问题上",该公司人力资源发展和员工计划部主任史蒂夫·康斯坦丁(Steve Constantine)的这番话就曾被人引用过:"陶氏招聘的都是精英。即使本部门乃至全企业都尚未达到目标,我们也不会将相当部分的员工视为绩差员工。"[27]

当然不能,因为他们根本就不是绩差员工,只是相比其他同事,他们稍逊一筹或潜力稍低一些罢了。

刚性排名制的反对者们总是假定这样一种情景:经理认为自己的团队队员像绿色贝雷帽一样个个身手不凡,表现出色,但倒霉的他却需要对队员逐一进行考核,并将其中一部分人强制性地排到劣等员工之列。其实这不叫什么倒霉。是的,就算真正的绿色贝雷帽,他们中间也存在差异。总体而言,绿色贝雷帽是一个杰出的军事组织,但相比之下,有些人在战火中表现更勇敢,有些人在设计进攻方案时判断更准确,有些人辨别线人是否为双重间谍时有一双更厉害的眼睛,有些人更清楚应该占领哪个山头。所以,虽然每个人都在小部门中扮演独特的角色,而有的人所发挥的作用更好,潜力更大,任务更艰巨。

8. 刚性排名:将员工进行相互比较有失公平。反方提出的论据是,使用这一办法明显表明,管理方的工作首先没做到位。如果管理方只招聘有才之士,确保他们的上司能做到人尽其才,并对他们的业绩据实反馈,同时为他们提供发展和进步的机会,那么就不需刚性排名。另外,企业领导在这方面的行为有失误,加上他们为提高企业整体业绩背地里挑选并解聘绩差员工的方式,说明他们的行为不够公正严明,也不够光明磊落。

这种"不公平"的论据基于一个错误的论点,即几乎所有员工都是可拯救的,企业一旦接纳一名成员,就不应该放弃他,除非此人再三证明自己无法达到最低业绩标准。

一派胡言。企业不是慈善机构,企业为提高员工业绩所做的努力是有限的。从经济利益角度而言,企业应该扩大其收益,并且让收益生出尽可能多的收益,同样也应该放弃没有一点回报的收益。

比较员工业绩和潜力的做法公平吗?在企业培训项目和发展资金有限的情况下,不把这些作为奖品向那些可能从中受益最大的员工倾斜,公平吗?如果公司必须减员增效,汰良存劣的做法公平吗?如果公司不按业绩和潜力解雇员工,难道对他们的客户不也是一种不公平吗?如果公司对客户不公平,留下来的员工岂不是冒着工作不稳定的风险?

第二章

9. 犯错是难免的,肯定会漏掉几个大器晚成的人或是高估几个巧舌如簧的低能员工。的确,人人难免犯错,各部门经理在仅凭有限信息就作重大决定无疑会出错,例如公司在录用员工时总是出错,结果招来一些真实表现比面试表现差许多的员工。在拒绝求职者的过程中也会出错,结果没把特别优秀的员工招进来。总之,在人事决定方面常会出错,因为"正确答案"总是事后才揭晓的。但是,这些错误并不能说明应该放弃人才选拔过程。

埃德·劳勒(Ed Lawder)对人才选拔问题总结如下:

> 员工在企业的业绩模式不是呈常态分布的,所以用刚性排名制揪出劣等员工的做法困难重重。首先,一些令人满意的员工会被误认为是劣等员工,这种危险是真实存在的。例如,某些科室、办公室或团队成员就比其他企业的优秀,这些企业的员工都是令人满意的,或是全公司范围内最杰出员工,但排名时有可能被放在不合格员工之列,因为碰巧同事们个个优秀。
> 正确的做法应该是,加强大部分员工能力差的薄弱部门的力量,方法是用优秀员工取代他们的位置,而不是到优秀员工占主导地位的部门去剔除"巨人之中的矮子"。多数刚性分类办法不会造成这样的结果,因为按此办法,不论员工质量及业绩如何,每一部门都要求剔除同样数量的员工。[28]

显然,劳勒有关某些部门的员工比其他部门的优秀之理论是正确的,他关于将员工多为绩差员工的部门连锅端掉的建议,尽管有难度,且不失为一个很好的建议,但是有关刚性分类办法要求每一部门删除同样百分比员工的信息,凭我个人的经验,是不对的。我看到的是,几乎每家正在执行设计周密的刚性排名制的企业,并没将这一办法一视同仁地强加于所有部门,无论是优秀部门,还是一般部门,这样做都不应该。的确,在大部分情况下,企业知道哪些部门人才济济,哪些部门人才匮乏,所以对那些大事做不好、小事做不了的部门,应该勒令他们将大部分员工排到最低等级,理由就是他们业绩不佳,该是什么等级就应排在那个等级。

是的,错误是不可避免的。对这一问题的答案不是放弃刚性排名制,而是要改进这一制度及其实际做法,向评分者提供有关培训机会及评估技巧,这样,评估结果会一次比一次准确。

10. 排名较低的员工如果是受保护阶层成员,有人就会认为刚性排名制造成的结果是非法的、歧视性的。 这一担心十分关键,因为它会令企业在制定和执行刚性排名制时举棋不定。

在附录C中,我将探讨刚性排名制的法律问题,到时将会看到,没有一项法律禁止老板对员工进行相互比较。可是在运用刚性排名制的结果时,特别当受保护阶层员工数量占在较低等级比重过多时,问题就出现了。

第二章

联科安致信息咨询有限公司的研究在谈到舆论对刚性排名制的抨击时,指出:"为什么刚性排名制在员工中造成的负面反响大于其他业绩评估技巧?对这一问题的回答从文字来看是模糊的。一个猜测是,刚性排名制让员工们觉得自己没得到表述更清楚、更有建设性的反馈意见,却被打上了不具备竞争性的称谓。这类称谓在决定员工去留时意义非同小可。"[29]

"不具竞争性的标签"使人直接联想到两个方面,公司刚性排名制如果能改善或明确这两个方面,人们就不会认为该措施的结果具有歧视性和非法性。一方面,在按刚性排名办法给不同等级下结论时要非常小心,因为告诉某个业绩考核结果一直很好的员工这次"与其他同事相比排到了最低等",还是告诉他尽管多年来他考核及格,但这次被评为"绩差员工",效果完全不同。

第二个方面,要培养员工正视排名结果的能力。如何组织语言"感化"员工?这一问题将留到第四章谈,第四章主要介绍如何建立卓有成效的刚性排名制。

结束语

在过去几年里,围绕相对比较法,即美国企业里的刚性排名制,发表的文章可谓汗牛充栋。这些文章几乎无一例外地谈到刚性排名制的问题及不足,重点是设计上的缺陷及执行过程中引出的法律纠纷,往往都是一边倒的观点,持这些观点的人皆为不满的员工及原告律师。难怪,很少有企业愿意出面公布自己使用刚性排名制的情况及有益结果。

  当然,刚性排名制并非什么灵丹妙药,每一家注重人才全面管理的企业在执行某一套考核员工相对贡献和绝对贡献的办法时,都应该认真掂量企业这样做是否可以保证更全面地了解员工业绩,并对有突出业绩的员工进行表彰和奖励。

  不过,在了解刚性排名制的益处前,需要知道如何建立一个切实可行的制度。下一章,我将介绍如何启动刚性排名制。

第三章　启动刚性排名制

要想真正确认企业成员作出的相对贡献,刚性排名制的操作、执行、技术方法必须经过精心谋划,行之有效。

谋划从终点开始。如果企业只有一个目标,且范围不大、轮廓分明,如一些奖金怎样在六名员工中瓜分,那么评估每名员工对整体成功所作出的相对贡献,就不是什么难事了。但是假定目标范围较大,如确定全企业的人才质量,且评估对象远在六人以上,那么有必要将影响该制度成功的问题从头至尾梳理一遍。在本章,我们将找出与刚性排名制有关的操作问题,探讨启动刚性排名制的最有效途径。

我在本章讨论刚性排名制时,仅考虑与企业业绩考核制度不相关的正式的刚性排名办法。如前所述,当许多人谈论刚性排名制时,他们还顺便论及刚性分类的概念。所谓刚性分类,就是要求业绩考核等级达到预定结果或分数分类要求,这不是现在要讨论的问题。我在第六章探讨如何对评估等级进行刚性分类以提高常规性业绩考核效率时,将谈到这

第三章

一办法。在本章,我们将讨论如何创造一个独立于公司业绩评估办法的、特点鲜明的刚性排名制。

公司为优先做首要任务准备好了吗?

刚性排名制在有些企业文化背景下运用效果较好,在其他企业文化下运用就不那么理想了,甚至有些企业文化根本不适合刚性排名制,"例如刚性排名制在资历深的团队就起不到作用,"曾就职于安达信公司(Andersen)的莉萨·斯普伦克尔(Lisa Sprenkle)援引公司策略偏重销售一线团体力量的某欧洲大零售商为例说,"这支经常解散、经常重组的、重结果的团队证明,刚性排名制效果卓著,第二、第三有效的团队是产品设计团队和专业服务团队。"[1]

那么,哪些文化特征会注定刚性排名制的失败呢?如果你公司符合下列情况,那么你对刚性排名制就应像对待毒草一样,避而远之:

- ➢ 雇佣工作被视为长期发展的事业。
- ➢ 在确定提拔和奖励人选时,就职时间长短与业绩并重。
- ➢ 保持愉悦的工作氛围是公司核心文化价值观。
- ➢ 对工作失误的基本态度是同情而非严肃处理。
- ➢ 求稳重于求新。
- ➢ 与业绩质量相比,更重经验多寡。
- ➢ 员工不习惯接受直截了当的业绩考核反馈信息,企业也不鼓励经理向员工传达业绩考核结果。
➢ 企业高管想维持现状。

当然,上述特征不符合多数企业的文化特征,也不符合多数高管所希望建设或鼓励的文化。事实上,执行刚性排名制时要谨慎小心,就像安装随时可能引爆毁灭性打击的技术设备一样。不过,企业在引入刚性排名制时,假如事先进行了精心设计和多方沟通,很可能会惊喜地发现员工愿意接受这一举措。其实,员工普遍渴望了解自己业绩的准确信息,甚至渴望知道企业对自己有什么要求,而自己又将如何达到企业要求。常规性业绩考核制度回答的是第一个问题,而刚性排名制则有助于给第二个问题一个诚实的答案。

姑且听一听卡米尔·奥尔森(Camille Olson)和格雷戈里·戴维斯(Gregory Davis)在分析刚性排名制的合法性时所讲的一番话吧!他们说:"企业领导如果能提前考虑考核对象的需要和愿望,那么排名制的宣传活动将顺利得多。企业应该在一开始就作员工调查,看他们是否支持使用刚性排名制。如果企业成员普遍担心优秀员工不能脱颖而出,担心没有相应的制度为优秀员工提供发展机会,担心其他员工士气受打击,那么,这样的企业更适合使用相对业绩评估制度。"[2]

对业绩管理进行审核

除从文化方面加以考察外,对企业目前业绩管理实践和结果进行专门审核十分重要。在进行这一方面的审核时,提

第三章

出以下问题：

> 经理们在使用企业目前业绩考核制度方面做得如何？几乎每名员工都有最新考核成绩吗？对档案中缺少最新考核成绩的极个别员工，有无合理解释？考核内容全面且按时入档了吗？有100%无怨无悔支持你的铁杆盟友吗？

> 目前，在与员工沟通方面，经理们做得怎样？对自己的业绩、在企业里的事业前途及优势和劣势，员工们能得到毫不含糊的明确信息吗？经理们有勇气在有效的人才管理过程中，进行艰难地谈话吗？

> 企业里有无特别仁慈或特别严厉的部门？换言之，销售部员工平均业绩考核等级与生产部和财会部员工的大致相同吗？还是有些部门的评分比其他部门严得多？

> 有无证据证明一些负面因素在影响着目前业绩考核等级？落实刚性排名制前，最好要先检查受保护的成员业绩考核等级是出奇地高还是出奇地低。

> 业绩考核结果是否与企业赢利挂钩？也就是说，如果公司的东部地区分公司被普遍认为力量最强，其员工创造的价值比其他地区员工高，那么东部分公司员工的业绩考核等级就应比其他分公司员工高许多吗？（有趣的是，经验告诉我，业绩考核结果与创造的价值之间常常是相反的关系，即业绩最好的部门总体业绩

考核等级往往在平均水平之下,这说明在业绩好的部门,经理对员工要求更高,对最高等级的把关更严。)

请专家作相关报告

引入刚性排名制的一个有效方法是,一开始便向高管们介绍管理方面的大致情况。这项工作可从企业外请专家来做,也可由企业内资深人力资源部经理主持,目的是向公司高管提供所需的刚性排名信息,让他们能在信息充足的基础上决定是否开展刚性排名活动,确定其他业绩管理办法或技巧是否更益于企业达到目标。作企业管理概要报告的人应介绍刚性排名制的实施经验及由此产生的利润,应公布在创建为本企业量身定做的刚性排名制过程中将要作的所有决定,忠实评价潜在风险和回报,忠实介绍各种替代措施。

管理概要报告目的不是向管理高层强行推销刚性排名制,而是为他们提供一个学习园地,一个答疑解惑的机会,让经理们袒露自己的疑虑和担忧。这种概要性报告能保证在高管中间达成共识,对是否采取这一措施作出深思熟虑的决定。

设计刚性排名制

在创建刚性排名制过程中,管理方有许多重要决定要做,如谁应该接受排名,人数少的部门怎么排名,使用什么样的排名技巧,对排名最低的员工怎么处理,应该怎样把排名结果告诉员工……为了确保成功,所有这些问题都需要有

第三章

答案。

首批要作的决定是给这套办法取什么名字。前面已经谈到的,刚性排名这个词常被用于贬损的语境里,仅此名称就足以在员工中间造成敌对情绪,因为员工对有关这一制度的了解仅来自有关法律诉讼的头版消息。

真需要有一个名称吗?当然需要。如果一套刚性排名办法,即相对比较法要成为公司人才管理体制的一项重要措施,就需一个名称。

通用公司管它叫"C会议"(Session C),有些公司称之为"人才管理办法",得州仪器公司直接称其为"前10/后10"措施,我曾供职过的一家企业则称之为"领导能力评估办法"。

刚性排名制常被视为企业人才梯队计划的一个组成部分,所以可被称为人才梯队计划。

随便怎么命名,但要保证每个员工都能掌握其中的真正含义。

应该用什么排名办法?

有6种排名办法可用于刚性排名过程。例如,通用、太阳等公司用20—70—10(即排名最高档的人数占总人数的20%,排名在中间的人数占总人数的70%,排名在最低等的人数占总人数的10%)排名法。得州仪器和美国第一资本金融公司(Capital One)用的是"前10/后10"排名办法。几年前为百事公司效力时,我们用的是1/4排名方案,即要求经理找出25%的优秀员工,25%的一般员工,25%的第三等员工,

25%的最差员工。几年前,迪克·布朗(Dick Brown)接任电子数据系统公司首席执行官时实行的是五分位数法,即前20%……以此类推。安然公司倒闭之前用的是一套复杂的六个层次的排名法。而一些企业对小部门干脆使用直接排名的方法:1、2、3、4、5……等等。

20—70—10 排名法。最著名的排名法是通用公司使用的方法,也是杰克·韦尔奇大力鼓吹的办法。每年,高级行政管理人员都要开一整天的 C 会议,时间是 4 月,地点为主要业务部门所在地。经理们带着活页夹,里面装着每个评估对象的全套案卷,如照片、在岗时间、以往业绩考核结果、长远潜力评估、已暴露的优缺点及自评报告等等,对考核对象的质量进行审议、分析、讨论。每个考核对象的业绩表现不是在绝对基础上,而是按通用公司"4 能"标准在相对基础上接受评估。"4 能"指的是高潜能(energy)水平、激励员工为共同目标奋斗的能力(energize)、敢于作出抉择的能力(edge)、始终不渝信守承诺的能力(execute)。[3] 各种担心都会在讨论过程中提出来,只是重点集中在人才及人才发展上。

此类会议的讨论可能非常热烈,甚至与会人员情绪会很激动,因为工作、事业、机遇、升迁命悬一线。评估对象的优点和缺点、强项和弱项都会得到忠实而细致的分析。最后,决定将该员工排在前 20%,中间 70%,还是最差的 10%。

通用公司的排名法也是太阳公司的排名法。2001 年 3 月,太阳公司对旗下 43 000 名员工进行排名,将 20%的员工

第三章

排在优秀员工之列,把70%的员工排在合格员工之列,将10%的员工排在不合格员工之列。

评估时,太阳公司把全体员工分成30人一组,给考核结果排在后10%的员工90天时间的改进机会,如果90天后仍然排在后10%,他们会得到一个一次性辞职机会,领取到一笔离职金。那些选择留下的员工会再得到一次机会,但是"如果没有任何改进",他们不仅会被解雇,而且连离职金也拿不到。对此,发言人戴安娜·卡利尼(Diane Carlini)是这样解释的,"这样做,是为了保证选择留下的员工做得更好。"[4]

20—70—10的排名法有一些明显的优势。首先,它久经考验。许多公司已经选择使用这种排名分类方案,他们的经验为其他公司提供了宝贵的借鉴作用。其实,通用公司最初按1—5等给员工排名,但发现除10%的杰出员工外,其他员工的士气低落,所以进行了修改。通过把大多数员工排在70%的中间段内(并对其中一些人进行奖励),使这一办法更富成效。[5]

第二,20—70—10的排名分类比例实际上等于承认,与排名最低的人相比,更多的人处于可以做得较好的那段曲线上。用最高排名员工人数是最低员工人数两倍的手段,使企业多数员工相信,企业人才观并不重视标准的喇叭形曲线,相信业绩好的员工比业绩差的员工多。

1/4排名方案。30年前,我在菲多利任培训及发展部经理。当时,我们用了一种结构上与通用公司和太阳公司极相似的办法,但结果分类却大相径庭。每年,业绩考核结束后,经理们都会集中讨论人才问题。在这些会议上,每个员工的业绩和潜力都会被提出来讨论。这是一个严格的过程,每个人都要有很多的信息铺在面前,占领三尺会议桌。(与会者笑称这是"BAF",即"大屁股程序")

然而结果排名却不按 20—70—10 办法分类。当时百事公司用了 1/4 排名方案。接受考核的全体经理和行政管理人员全部分配到四个人数相同的等级——前 25%、第二 25%、第三 25%、最后 25%。百事公司当时的总裁安迪·皮尔逊是这一制度的积极推动者,他在《哈佛商业周刊》上发表文章认为,这一严格的办法十分重要。在该篇文章中,他提出,高管们应当要求下属经理进行坦率而忠实的人才评估,还谈到自上而下的人才管理方式的必要性:"这一过程中,逐个部门地、逐个经理地进行评估,显然很烦琐,但建立和执行严厉的业绩标准并把每个人的注意力集中到管理发展上,虽无坦途可言,但十分重要。我还应补充一句,这项工作不仅花时间,浪费情感,还会引起激烈的争吵,尤其当标准不统一的时候。"[6]

但是,皮尔逊在解释 1/4 排名方案的理据时指出,每位经理,甚至地位很高的经理都可能给自己团队队员虚假排名,除非有什么办法可以迫使他们放弃这一做法:

> 你应该坦诚而坚定地讨论每位经理的弱点,并说服每个人以同样的热情对待下属。可能发现许多管理人

第三章

员起初不乐意或不能够向您提供有价值的员工评估信息。例如,某分公司经理会说,他公司的员工个个业绩出色。如出现这种情况,你必须强迫该经理将他们区别开来,例如,挑出一个业绩最好的员工。还可以要求该管理人员将经理按差到强分为四等,然后询问对每一等经理有什么具体计划安排。注意:永远要把注意力优先投到最低等上。该经理还应该明确指出谁应该被取代,谁应该被分配到另一岗位,这些决定什么时候执行。铲除业绩最差的员工将营造出一种持续进步的气氛。如果撤换掉所有排在底层的人,那么第三等就将成为新的底层及需要提高的对象。[7]

1/4 排名方案(即 25—25—25—25 排名法)的益处如下:

1/4 排名方案可迫使经理作出抉择。凡真正努力的 10% 或 20% 员工通常比较出名,相对容易看出,底层 10% 的员工也不难发现。只是前 1/4 的员工及第二个 1/4 的员工较难挑出,因为半数员工在中间,要确定他们排在前 50% 还是在后 50% 相对较难。

1/4 排名方案断了软弱经理的后路。如果使用前 10/后 10 的方法或 20—70—10 的排名方案,优柔寡断的经理便可能把队员全塞在中间了事。但是,1/4 方案强令他真正作出决定,他不可能把所有员工都排在中间了事，没有这样的机会。

1/4 排名方案往往出人意料。也许多数高层经理对刚性排名制有一定了解，也听说过前 10/后 10 的办法或 20—70—10 的排名方案，当公司计划采用 1/4 方案时，他们可能有耳目一新的感觉。

五分位数法。五分位数法，即用 5 个数字相同的类别取代百事公司的 1/4 分类法，罗斯·佩罗（Ross Perot）创立的电子数据系统公司（Electronic Data Systems，简称 EDS）用的就是这种方法。电子数据系统公司一般把员工分为五类，《达拉斯晨报》（*Dallas Morning News*）的一篇文章曾对该公司为裁员而使用这一办法的事情进行过报导。"排名在第一类的员工将得到奖赏和更多的工作机会，而排名在最后的员工则被要求整改，否则自动离职。"[8]

前 10/后 10 排名法。许多企业，包括美国最大的一家制造商、一家大型信用卡公司及无数的公司，要求经理使用 10—80—10 排名分布法。按这套办法，经理们要挑出 10％的优秀员工，将 80％的员工排在中间层次，把 10％员工的排名放在底层。在这些企业里，该制度的目的是公布喇叭形曲线两个末端的少数员工，即迅速发展和提拔潜力最大的一端，立刻改进或裁剪另一端。

然而，2004 年，某家过去几年中一直使用前 10/后 10 排

第三章

名法的大型技术公司转而使用 20—70—10 分法,因为该公司下属分公司人力资源经理在他们完成刚性排名后对记录进行比较时发现,几组评估人员分别报告说,如果他们既能找出 10% 最佳员工,又能找出 10% 的次佳员工,效果将更好,于是他们当即决定正式采用新的"前 10、次 10、后 10"的评分分类方式。

1—5 等的排名方式。在微软公司,员工排名分 1—5 等,绝大多数的等级在 2.5 和 4.5 之间。尽管对绝对的百分比分布没有正式要求,经理们必须按喇叭形曲线排名。"根据比尔在微软早期提出的业绩评估办法和奖励办法,经理们要对员工的业绩进行评分并排名,这个排名严格参照喇叭形曲线。"微软前首席运营官鲍勃·赫博尔德(Bob Herbold)说,"这套办法可保证明星员工的奖励要超出普通员工很多,还可强令经理采取建设性措施对待绩差员工。"[9](但即使在微软这样一个举世公认的严格的人才绩优型公司,赫博尔德也常发现刚性排名制很难为一些对此有排斥心理的经理所接受。"他们总是提出反对意见,理由是这种喇叭形曲线不公平,即使每次评估都在目标百分比上采取了一定的灵活度。按这些经理的说法,既然公司雇用的皆是精英人才,那么人人都该得到较高的等级。")[10]

中美大都会人寿保险公司也使用 1—5 等的排名方式对员工进行相互比较。该公司通过用同层次的人进行比较的方式考核员工和经理。员工按 1—5 等进行排名,然后公司进行计算,看哪些员工该排在前面,哪些排在中间,哪些排在最后。[11]

不管刚性排名制的争议有多大,中美大都会人寿保险公司都坚持使用这一办法,原因正如人力资源部资深副总裁及首席培训官德布·卡泼拉勒罗(Deb Capolarello)所言,该公司在对需要提高绩效的员工思想工作上做得很到位。"作为雇员,你要知道自己的位置、业绩及改进方法,"她认为自己公司的制度能做到这一点,"员工被划成1等、2等、3等、4等或5等。如果辞职,一个4等或5等员工可得到的赔偿金比一个3等员工多40%"。[12]

按组进行排名并像图腾一样画一些比率。有一种替代性刚性排名办法,就是拿员工进行相互比较。这时,要求经理通观全体员工,挑出第一名、第二名……直到最后一名,换言之,就是刻图腾柱的方法,即一个人(仅一人)在顶点,他的下面只有一个人(仅一人),再下面又是一人(仅一人)……直到底部。

一个个地依次排名是比较员工业绩的最简单形式:评估人员只是将所有员工从最好一直排到最差即可。一般情况下,给评估人员一沓卡片,一张卡代表一个员工,把卡抽出来放在面前,按正确的秩序摆好即可。

在评估对象人数较少且评估人员对每个员工了如指掌的情况下,依次排名的好处就是简单易行。大型工程企业可能运用这种方式为工程师排名,但一次就把许多员工的业绩

第三章

记在心里并非易事。纯粹依次排名的办法也有难度,因为通常需要很多经理分别给员工打分,然后把他们的排名整合成一个排名表。所有参与者集体讨论只让老板做仲裁人的办法尽管可行,但要想在众多经理中就某一具体排名达成一致意见,希望极其渺茫。

当接受排名的人数超过6人时,不仅可能的组合数呈指数比例增加,而且每一个等级的精确度还会大大降低(如"在我们41人的团队里,乔治排在第33还是排在第34位"这是一个多么愚蠢的问题!)[13]

人数少可以依次排名,但考核对象多也不见得不易控制。数学家告诉我们,假如12个人为一组进行依次排序,柱上不同位子的数量将是12的阶乘,或 $12\times11\times10\times9\cdots\times2\times1$,或者说是479 001 600个。将12个人排序,方法可达4亿多种。那么,最好以分组排名取代个人排名。

在刚性排名工具中有一些馊主意臭名昭著,如被困居荒岛或在救生船上作决定,等等。按这些轻率的办法,经理们根据最想与谁一道困在荒岛,或者看他们本人上救生船之后最想要谁第二个上船,来对手下进行评估排名。这样做是愚蠢的,但同样愚蠢的是刚性排名的做法:当你自己组建公司时,会选择带哪个员工或哪些人一起干呢?这儿的假设是,既然评估人员的签名将出现在薪水支票上,评估人员会更加谨慎,只挑选最佳员工作为领取薪水的人。当然,困难的是,一家新公司所需技术不完全与微软公司、太阳公司或百事公司这样杰出公司所需要的一样。此外,由于缺少杰出人才,企业有什么理由要在自己最杰出的员工心中播下这样一颗种子,认为自己应该考虑离开企业?

尽管有关最想与谁在荒岛上度过一段时间的话题已告一段落,但请注意,前面提过的所有方法,无论是应用到组,还是应用到个人身上,目标都一致,即按各种标准将每组成员的业绩进行比较,以确定每个人的业绩、贡献、潜力。记住,这就是相对比较:不是看个人工作如何,而是在与他人业绩比较的基础上,看他的业绩如何。

除一个挨一个的排名方法外(图腾柱似的),还须认识到,前面提到过的所有名额分配方法都有一个共同因素,即无论按什么方法分配,是1/4式、五分位数法、前10/后10排名法、20—70—10分法,还是其他分法,都把一组组员工分入各种不同的大范围内,在这个大的范围内不再细分。换言之,假若你是通用公司某部门经理,正在接受C会议的评估,评估者会考虑你的业绩和潜力。把你放入"70%"之列后,就不再正式确定你是差一点就进入前20%的范围,还是排在这一范围的底端,险些沦为后10%。虽然此类信息在评估会议上讨论得很透彻,实情也透露给你了,但是通用公司的这一办法不要求进一步细分。

上述所有办法都存在一个共同点,即将员工打成包放入各等级,就不再细分,也不会明确地说乔治比贝蒂强,但比鲍勃弱。但是,如果企业决定让员工了解他们在评估会议上的排名,那么要给经理发放针对不同排名等级的指导性文件,教他们如何与没跨入前10%的员工谈排名结果,让他们在有

第三章

准备的情况下把结果告诉险些跌入最后10%的员工,这样做不会显得唐突。

确定实际数目。确定排名办法时,不仅要考虑使用什么排名形式,还要了解每一类的百分比如何转化成具体人数。例如,在47人的一个组中,划到后10%的员工是4个还是5个?这个问题有必要在排名会议前就解决。只确定是4人还是5人应排到后10%,不需要具体涉及哪几个人。

排名办法须严格遵守,但严到什么程度?有些企业采取强硬路线,譬如坚持说20%就是20%。他们的政策是,将百分比折合成具体人数时需要四舍五入,除此之外,要一丝不苟地执行名额分配要求。有些公司则较灵活,他们的观点是,在20—70—10分法中,属于前23%还是前8%,实际意义并不大。某大型技术公司人力资源部经理对我说:"绝对精确无多大意义。"2004年,该公司按前10/后10分法进行评估,结果14%的员工排在前10范围内,8%排在最后一等。

总之,我发现最好在要求上采取比较强硬的立场,规定怎么进行排名分布就怎样排名,因为一旦让前10/后10分法变成"前14/后8"分法,参加评估会议的经理们会竭尽全力扩大排在首位的百分比,从而使最低等级形同虚设。在刚性排名制执行的头一年尤应如此,因为企业在"刚性排名"上的态度有多坚定,经理们可能都在拭目以待。还有一个可能,即在头一年,无论按什么分法,很容易揪出后10%的员工,再过若干年,一旦排在最后的员工取得巨大进步,或在其他岗位

启动刚性排名制

得到重用,一旦经理们熟悉了这套管理办法,在执行排名名额分配制度上应需要有一定程度的灵活性。

什么标准应该用于排名过程？

"乔治比玛丽强,但不如山姆出色。"此言属实？回答这个问题,要看评价三者用了哪些标准。

经过多次尝试,现在通用公司已确定将"4能"原则作为经理和管理人员的等级标准,即高能量水平、鼓励同事目标一致的能力、是非面前勇于抉择的能力、言出必行的能力。尽管C会议对考核对象的观测点更多,这4项标准是测量每名员工的常用标尺。

对初次使用刚性排名制的公司而言,一个替代办法就是采纳通用公司在刚性排名过程中曾多次成功使用的四大标准。采取一种"切了再补"的办法,其好处在于,通用已在此办法上有过大量智力投资,做过大量实验,在一次次实验、一次次犯错中,提出了四大可行的排名标准。这四大标准对任何公司高管人员的成功都具有不容争辩的重要性,其意义任何人都能又快又准地掌握。有关第三大标准的数据("是非面前勇于抉择的能力"),排名过程中该人的表现会暴露无遗,因而有可能促使员工在决策过程中更加坚定不移。最后,如果对于通用公司足够有效的话……

从另一方面看来,你的公司不是通用,这四大标准适合通用,但并不意味着适合所有公司。至于这一办法的技术表现,无人对其界定或进行过详细描述。从一家相似性小的企

85

第三章

业借用一套办法,无论该企业多么令人羡慕,都只能说明你公司凭一己之力做不出世界级的东西。所以,仅从通用或别的企业拿来一套标准,或许不是一条可行的出路。

有些企业用自己的核心价值观或文化能力作排名标准,如联邦快递公司(FedEx)用人的 9 大品性作标准,看胸怀大志的带头人在多大程度上拥有以下品性:预见力、独立思考、理智的鼓动力、勇气、可靠、灵活、正直、判断力、尊重他人。[14] 如果某公司已确定了领头人所应具备的能力或核心价值观,就可以考虑将之视为排名标准。其实,在传达公司对这些能力或核心价值观的重视程度方面,没有什么方式比用它们作为员工排名基本标准更好的了。

有人会说联邦快递的标准很多,其实其他公司确立的标准同样多。将这么多的标准作为刚性排名制的基础也许不易掌控,特别是极有可能出现某一方面得分很高,另一方面得分很低的情况。假如玛丽的独立思考项得分很高,但预见力一项却很差,而吉姆与美国黑人民权运动领袖阿尔弗雷德·夏普顿(Al Sharpton)一样有很好的预见能力,但正直一项的打分与前世通公司首席执行官伯尼·艾波斯(Bernie Ebbers)一样低,此时,你应该确定玛丽的排名高于吉姆还是低于吉姆?

浏览一下公司重视的能力及核心价值观,你会发现,有关内容很多没法实施,也不能作为刚性排名制的标准,或许你会发现公司重视的能力不宜作为刚性排名标准,不能真实反映企业今天或将来成功依靠的重要因素到底是什么。但是，如果你公司已确定了一套能力要求，最好看它是否适合作为刚性排名决策的基础。用已有的能力标准，将之进行适当的修改，使之适合刚性排名需要，可以向员工发出正确的信息，即什么对公司重要公司就重视什么，而制定一套与旧有标准不相关的标准所发出的信息会令人不辨方向。

此外，要仔细阅读公司目标声明。也许你公司已制定出真实反映高管队伍理想和原则的目标、蓝图和价值体系。如果有这样的文件，那么肯定必须用于刚性排名过程，因为这样做可以表明，企业是严肃的，在把钱往刀刃上使。以知识产权专业咨询公司 InteCap 公司——一家专门解决知识产权及复杂的商业争端业务的国际咨询公司为例，它所制定的核心价值观有五条：

客户的需要是我们的首要任务。

创造力是每一单业务不可缺少的组成部分。

团队精神意味着行动的成败。

本公司旨在创一流企业。只有比业绩，比能力，比贡献，才能求发展。

对员工充满热情。一切为了客户满意。[15]

如果该公司是认真的，以上五个核心价值观可以轻松地用来作为刚性排名活动中评估业绩和潜力的标准。

IntcCap 公司的一个价值观是团队精神。在确定这一刚性排名制的标准时，将团队精神或类似品格考虑进来特别重要，因为团队精神不仅是许多企业成功的关键，还可以还击刚性排名制反对者提出的一个论据，即刚性排名会伤害团队

第三章

精神,认为刚性排名过程越严格,就越会在不同程度上造成互相争斗、人人为己的环境氛围。例如,《财富》杂志专栏作家安妮·费舍尔(Ann Fisher)在专栏《问安妮》(Ask Ann)中谈到读者对一篇关于通用刚性排名制的文章的感想时,说:"一致意见:它创造了你死我活的竞争、偏执、敌意,毁灭了员工的忠诚意识。"[16]

是吗?如果刚性排名制设计糟糕、执行不力,自然会造成此种恶果,任何反应迟钝的制度都难逃此等厄运,但是一旦设计合理,执行得力,充满敌意的歇斯底里的舆论报导就不会出现。可以告诉你,我在与这些制度打交道的30年中,从未见过其中哪则报导能够摧毁一家企业。但是由于常有人公开指责刚性排名制不利于团队精神或合作精神,所以把团队精神或合作精神作为刚性排名的一项标准,可轻而易举地使这一指控不攻自破。

反方还提出一个论点,说刚性排名制只提拔重用善于溜须拍马之徒,而非真正业绩突出的员工。这类论点常听到,但我的经验却恰恰相反:我常看到刚性排名制中排名低的员工(用一个老套的词)"拍上司的马屁"。我认为经理有能力将奉承之徒与真正善于人际交往的员工区别开来,在比较员工的过程中不奖励那些玩弄政治权术的人。彼得·德鲁克(Peter Drucker)说得好:

一项战略举措是否明智,管理人员常常无法正确判断,也不见得会真正感兴趣。"我不知道我们为什么在澳大利亚买这个企业,但这不妨碍我们在福特·沃思(Fort Worth)这儿的工作。"一般情况下,他们作出的反应大体如此。可是当这些管理人员读到"乔·史密斯任XYZ分公司一把手"时,就知道乔在公司高管中业绩最好。这些管理人员会说:"乔应该受重用,他是一个理想的人选,是领导XYZ分公司迅速发展所需的最佳选择。"

如果乔得到重用是因为他善玩权术,那么同样逃避不了人们的火眼金睛。他们会自言自语道:"好的,要在公司得到提拔,就要走那条路。"他们会蔑视管理方,认为管理方也在玩政治手腕。很长一段时期以来,我们知道,企业里的员工往往以受重用的人为榜样。当只说不干的人、曲意逢迎的人、投机钻营的人得到奖励,企业很快会陷入人浮于事的状态,员工会专门思考如何拍马屁,如何耍心眼。[17]

各种标准都应该受重视吗?也许不应该。尽管某个标准有些时候可能比其他标准重要,有些时候没有其他标准重要,但是一个绝对有所偏重的制度在实践中不利于最佳决策的制定。更重要的是,重视不同的排名标准可使刚性排名办法沦为一道算术题的解答,在排名过程中评估者既得分析每个考核对象的业绩和潜力,还要用乘法去确定其最终排名。这种偏重,理论上站不住脚,实践中几乎也不可能。

企业确定刚性排名标准并将之公之于众时,有可能某些

第三章

员工会表示不满,认为这些标准未经事先通知就突然强加到自己身上,认为年初企业已为自己规定了目标任务,现在却用一套从未用过的标准来考核这些目标任务的执行情况,公司这样做有失公平。当然,此类不满言论经不住推敲。公司为刚性排名制选择的标准是任何讲道理的人都能理解的标准,是老板对每名员工的合理期望。另外,老板对自己的队伍进行考核时,用任何理智的标准来评估哪些员工业绩最突出,哪些员工有最大潜力在未来作出更大贡献,他这样做是可行的,也完全是合法的。

按每名考核对象的考核内容确定具体标准的原因是,那样做会确保有一个公正的平台,即保证评估每名员工都使用相同的标准。但是,要求排名会议参与者将其对员工个人业绩及潜力的讨论局限于几个预定好的有限的标准上,这种要求就是一套枷锁,没有必要。更糟糕的是,这套严格的限制对所有的考核对象也不公平,因为与一套评价业绩好坏的正规标准相比,他们身上还有更多的参照点,当然其中有正面的也有负面的。那么,除正式的评估标准外,还应当讨论的内容有哪些呢?

刚性排名会议上讨论的内容,几乎一成不变地要对每个员工具体的优缺点进行评议。既然刚性排名制旨在确认企业人才优势,以作出适当的人才管理决策,但是如果不讨论每个员工的强项及需要加强、改变和发展的方面,那就显得太不慎重了。

讨论排名对象情况的其实不止一人。每名员工的顶头上司都肯定出席排名会议，多数情况下，多数内容由他来介绍，而与会的其他人如果与被讨论者共过事，也要发言。至于其他与会者，也许不太熟悉此人，但是与他打过一两次交道，尽管如此，也能进一步证明此人的业绩和潜力。所以，要得到该人业绩如何、潜力多大的全面信息，最好让高管们彼此交流与评估对象的个人交往经验。

所以，除为排名提供一套具体的标准，还应鼓励评估人员在讨论时提出更多的业绩因素，帮助作出最终的排名决定：

极强极弱的方面具体有哪些。除用一套已定的标准比较员工外，应该要求评估人员找出评估对象身上的两三处强项及一两个主要弱项或缺点。要指出每个人身上的强项和弱项。占企业中层及高层管理人员绝大多数的人强项多于弱项。强制性地找出强项和弱项还有助于总结评估人员识别人才的技巧。

智力能力/概念思考能力/聪明程度。这是一个非常敏感的讨论主题，但精神测定学研究坚持认为，智力能力（即智商IQ）是复杂而精细工作成功预测的指数，可以通用。此外，排名会议的与会者需要考虑个人的聪明程度。

发展上升空间。每个人的能力具体能达到公司规

第三章

定的多少项标准,评估者应在此问题上达成一致意见。应该知道发展时间只不过2—3年的员工不仅得不到支持,还可能引起有关年龄方面的歧视问题。另外,要求评估人员考虑某员工后20年能有什么样的发展,相对于30多岁的员工,50多岁员工显然受到了很大伤害。把发展潜力限制在可以预见的2年或3年之间,相形之下,不失为明智之举。

往年的改进成果。未来业绩的预测指数最佳莫过于往年的业绩。评估者最好在讨论每名员工时找出该人前12个月做了哪些改进工作,是否对本单位的赢利发挥了巨大作用。这样做不等于评价该人完成预定目标的业绩情况如何,其焦点在于该人做的工作,考查这些工作是否表现出他在改变自己或改变企业方面具有一定的能力。

关于标准还要考虑的是,你到底需不需要提出一套具体的标准?对一家企业而言,制定一套具体的刚性评估标准实属寻常,而当企业首次推行这个制度时,明白无误地解释使用标准尤为重要,因为一旦该制度为员工熟悉,一旦进入成熟期,就不再有必要严格坚持这套评估标准了。"我们的标准过去是'灵活性、好奇心、合作精神',"有多年使用刚性排名制经验的某大型技术公司人力资源部经理这样对我说,"现在这套标准是'正常结果、适当行为'。"

也许，"正常结果、适当行为"是所有刚性排名制的最终标准。给经理们一套标准无疑是有用的，因为经理要用标准进行排名，特别是第一轮的排名。不过，最后作分析时，要求评估者确定的是谁业绩最佳，谁最有潜力，谁贡献最少。

隔多长时间进行一次排名？

在多数使用刚性排名制的企业里，排名会议一年举行一次，一般不与公司业绩考核排在同一时间。把刚性排名会议的时间与业绩考核的时间错开，有几大好处：将两个会错开几个月，可以明显减轻经理的工作负担；有助于评估者把焦点集中于会上所特有的问题上（如业绩考核基本上会问："乔治在达到目标方面做得如何？"刚性排名制则问："乔治与玛丽、鲍勃相比业绩如何？"这两个问题虽然针对乔治一个人，但回答完全不相同）；若用刚性排名制决定奖励，可减少业绩考核等级与工资涨幅之间明显的连锁关系，同时仍可巩固按劳取酬的思想；刚性排名制还可以对业绩考核等级的连续性和准确性进行独立的评价。

然而，刚性排名制应适当融入其他人才管理制度和过程中，两种管理制度并用，由此得出的数据应该为其他领域的人才和业绩管理提供有用的突破口，正如希伯森咨询公司有关刚性排名研究报告的执笔者所言：

所有与人有关的制度，诸如业绩评估、发展活动、挑

第三章

选高潜力员工、工资预算、领导梯队建设计划、发展问题讨论及管理损耗，应该像刚性排名制所做的那样，把人们放在大致相同的位置上。换言之，在各种与人有关的制度中要保证业绩信息的畅行。如果刚性排名只是一种把员工放在某等级的手段或工具，那么它不过是用来改正业绩管理制度缺陷的一个创可贴，结果所传递的内在信息应该不与员工从其他渠道获取的明确业绩信息相矛盾。同样，刚性排名制的结果与通过其他业绩管理办法获得的结果之间存在明显的联系。[18]

有关刚性排名时间安排的另一问题是，公司对这一办法有无长远目标？还是将之视做一次性活动，仅达到一个具体目的就够了？或者高管们打算将这种办法贯彻下去，以后每年举行一次？

把刚性排名制确定为一种年度活动、一种工作惯例时，要考虑到一点，即承认刚性排名制的有效性可能在使用数次之后会逐渐不明显，特别在末位10%的员工被辞退之后。实际上，每家企业都能找出后10%的员工，这批人的离去绝对是有益的。第二年，由于去年的最后的10%被清除，企业会深挖出又一批排在最后的10%，经理也许很不乐意辞退这次排在后10%的员工。正如杰克·韦尔奇在谈到通用C会议时所说过的："到第三年，简直是一场战争。"[19]高层管理人员需要分析这场战争是否值得打。很有可能出现的情况是，一个严格的刚性排名制在多数企业中自然寿命为3—4年，之后便被束之高阁，直到下一次又需要。

谁是排名对象？

刚性排名制的考核对象应该是全企业所有人员吗？只考核普通员工这些免责人员吗？只考核管理人员？要考核工程师、系统分析师、人力资源专家、审计师等专家吗？公司高管享有排名豁免权吗？

显然，排名对象人数越多，排名过程就越复杂、耗时。尽管太阳公司这样的企业每年对员工进行考核，但大部分企业的刚性排名制则把目标局限于那些对整体企业成功有最大影响的人身上，我认为后者这样做更合理。换言之，从高层开始，然后往下进行考核排名。

对刚性排名制指手画脚的人，已达成一个固定的共识，即无论谁被定为考核对象，高管必须是接受考核的一员。卡米尔·奥尔森和格雷戈里·戴维斯在替一家人力资源管理协会仔细分析法律报告中有关刚性排名制是否可能涉及法律问题时，写道："执行任何排名办法时，企业都必须确定谁是考核对象，全体员工都是考核对象，还是只有管理人员或一定级别的管理人员是考核对象？在宣布终结福特公司排名制时，福特公司说，公司排名制无法给太多的员工（包括18 000位经理）排名。对此，一个解决方法是排名从高管开始，这样做也许能使人们在文化上慢慢接受排名制，两三年后如果产生了效果，可以用到更多级别低的经理身上。[20] 几个替企业咨询协会撰写类似法律研究报告的执笔者，也提出了

第三章

类似建议:"无论你公司使用刚性排名的目的何在,这一办法都只能逐步引进。首先拿高管做试验吧。"[21]如果高管们接受排名,特别是确实有一两名不称职高管时,有人便会认为排名制就是为了拿这两位高管下手,是不公平的。

刚性排名制在企业内应该涉及的范围有多广?对这一问题,必须根据工资级别及个人对企业的专业贡献两个方面进行回答。

工资级别。多数企业的工资都有级别之分。工资是企业奖励制度的一部分。由于刚性排名制涉及大量员工,所以公司高管和人力资源部专家应该从最高工资级别开始往下讨论,这便要求决定哪一级别不用刚性排名制来确定。企业排名按员工工资级别通过自上而下的方式讨论,可以保证所有对企业成功起最大影响的人都被考虑进来。还表明,员工享受工资级别和他们要冒的风险相关:工资级别越高,业绩受到的监督越严格。换言之,要赢得接受刚性排名的权力,须在企业工资级别中达到一定层次。

个人对企业的专业贡献。企业中享受最高工资待遇的人一般是管理人员、行政人员,以及一些专业、独立、关键岗位上的工作人员,如工程师、绘图员、律师、地质学家、程序员等。扩大刚性排名的排名对象,将上述人员列入考核对象,效果明显,特别是在公司有大量相同工种的情况下,这种做法更管用。如前所述,一名绩优员工,哪怕分配在较低级的工作岗位上,作出的相对贡献也会比业绩平平的同事大许多,更不用说与绩差员工相比了。例如,假设某公司有许多软件设计师,用刚性排名评估他们每人作出的相对贡献,所得信息肯定具有合理性。

排名时还要考虑考核对象的规模。如果规模小,例如12人以下,那么用20—70—10排名法不现实。另外,如果规模大,全面考核每个人所需的时间量也许无法满足。

当排名对象特别多时,可以通过"卷饼"的方式加以解决,即把小组排名决定一卷一卷累积起来交高管们审议,这些高管将从更大范围内调整排名名次,以保证排名分类合理,考核结果准确。但是,这种卷起来的方法本身就是个不安因素,因为对员工进行业绩和潜力排名的高管实际上并不认识这些员工。迈克尔·奥马利(Michael O'Malley)在《世工杂志》(World at Work Journal)上针对这一问题发表观点认为,该方法实际上可帮助更合理的排名。他说:"公司可把经理的业绩考核'一卷一卷'卷起来,然后在公司逐层接受审议,这样做可迫使经理在进行评估、业绩总结或遭遇尴尬时采取慎重而通透的态度,因为他们及他们的评议结果将接受上级的监督考察。由于使用了这一办法,最终的考核结果很少会有大的改动。然而,业绩卷饼的真正长处是使管理决定更可靠,评估更公平。"

谁是排名者?

哪些人参加刚性排名会议?多数情况下,这个问题一目

第三章

了然。显然,与会的应该包括每个考核对象的顶头上司、其他考核对象的顶头上司、了解考核对象的人,以及掌握考核对象重要信息的人。此外,不了解考核对象的人也可能出席,这些"陌生人"作用很大,可以保证与会人员遵守游戏规则,还可以在对考核对象出现笼统评价时要求评价者提出具体事例。

人力资源部经理或专家的积极参与也很重要,他们可作所有单位的考核对象的代言人。人力资源部经理肩负双重任务:第一,为所有与会人员提供信息;第二,保证所有规章制度得到执行,指出不恰当言论,提醒与会者严肃对待排名活动,关注每位考核对象,特别在评估人员因疲惫而松懈时,更应该发挥这方面的作用。因为刚性排名会议常给与会者带来沉重的情感压力,易造成疲劳。

因为刚性排名会议主持很难身兼两职,所以聪明的做法是另选一名主持人主持排名会议。若主持人是从公司外聘来的专家,那就更好。主持人无疑不会因为偏袒或仇视某考核对象而影响讨论结果,也不会独断专行,而会保证排名过程公平、有序地进行。

许多与会者可能对某些考核对象不熟悉,但仍然不能免责,即使他们对讨论对象一无所知时,也要参与提问并遵循具体实例。此外,刚性排名制的一个最大好处是,它告诉高层领导者有关企业人才的信息,而这些信息他们以前是不知道的。刚性排名会议为企业最有才华的员工打开了机遇之门,因为排名使他们能充分展露自己的才华和能力,因而有可能被公司委以重任。[22]

应该向评估人员提供哪些信息？

许多公司都给排名会议的与会人员一摞活页本，里面是即将接受考核的行政管理人员的资料：简历、照片、头衔、在岗时间。有些公司此外还提供前一两次此人业绩考核情况（或完全的考核记录或总评）以及全部人员考核信息。

刚性排名制除辨识 A 等员工、B 等员工、C 等员工外，还有一个目的，就是确保高管们对企业人才情况更了解，所以有必要提供言简意赅的材料。当然越完整越好，这样另一分公司经理在听过自己不熟悉的员工情况汇报后，可以对着照片说："哈，他就是约翰·史密斯呀！我们打过两三次交道，但时间都很短。以后我会多注意一下他。"

将一份份内容不同的材料尽可能全面地装订起来，是行政管理的一项重要工作。还要提醒一句，虽然有些过分：不要忘了提供照片及全体员工情况简介。某即将开始第一轮刚性排名制的公司要其外聘顾问审核其排名计划，以找出任何可能的问题。该顾问写道：

> 计划要有一步一步的执行过程，要有一份简介，简介包括每位考核对象的一张照片、所有考核对象的大致信息。排名过程中，应时刻提醒评估人员作决定时要不计种族、性别、年龄……因此讨论过程中不需要照片及所有考核对象信息。也许评估人员无需看照片，

第三章

仅凭姓名就知道考核对象的上述情况,但是如果因某种原因,某评估人员认为需要一张照片,那么可以把照片给他看,也可让人把考核对象的相貌描述给他听。[23]

排名过程中,许多双眼睛盯在种族、年龄或性别因素上,这当然无可厚非,只是很少有人注意排名过程中常会犯的一种错误——"魅力效应"(attractive effect)。有大量材料证明人们往往认为那些相貌出众的人业绩表现也出色。然而,假定讨论考核对象的人看过照片之后都会牢牢记住这个人,那么不提供照片或他人信息似乎可以合法地减少对考核对象及排名制的不必要伤害,但是如果情况并非如此,可以考虑出示照片。此外,照片只向评估人员炫耀自己长得多靓、多帅,并不能提供更广泛的有关公司人才的信息。还有一种可能,就是排名人员面对评估对象的照片时,会对种族、年龄、性别问题更敏感。无论如何,提不提供照片这个具体问题,是任何打算开展刚性排名活动的企业都应该向法律顾问咨询的一个问题。

如何交流刚性排名制的信息?与谁交流?

早先,我就为刚性排名制"无秘密,无意外"(no secrets, no surprises)的特点辩护过。尽管刚性排名制饱受媒体的负面报导,尽管企业初次执行时员工反应消极,但对这套制度采取的保密做法,只会加剧企业之信誉之忧,因为人们不知道最有才华的贡献者将受到何种奖励。从实际情况来看,对刚性排名制进行保密也许是徒劳无益的,因"秘密制度"而起的虚假信息和谣言远比实际情况有害得多。

应怎样宣布这一办法的执行?如果企业有人免于接受刚性排名,只有部分员工受到排名影响,那么提供全公司范围的、无所不包的交流活动未免有些劳民伤财。不过,一场全公司范围内的交流活动,即使不针对排名者,也不针对排名对象,也可告诉公司底层员工,高管同样受到监督,如果他们的业绩落后于他人,也会被除职。无论如何,最好组织有针对性的交流活动,这种活动自上而下,直接面对刚性排名制中的两类人——排名者、被排名者。

如果整体交流计划的另一方面是为了培训参加排名会议的人,那么一份通报或一封电子邮件便足以告诉所有员工:公司将采用一种相互比较评估制度。致被排名者的通报最好由首席执行官发出,包括以下几项内容:

> 一份声明,声明公司已决定采用刚性排名制作为业绩管理的部分活动。
> 公司决定使用刚性排名制的理由,对企业的益处,对考核对象个人的好处。
> 将使用的排名办法(前 10/后 10 法、20—70—10 分法、1/4 排名方案等)。
> 排名标准。
> 一份简介,对该计划的实施手段进行概括性介绍。

第三章

> 一份同意声明,一份针对刚性排名目标的个人承诺。

给即将作为排名者(大部分同时也是被排名者)的经理和行政管理人员的通报,也许要包括以上各项,外加一份培训通知,一份说明首席执行官对排名者职责要求的简报。

在附录 A 中,我提供了某大型消费品公司首席执行官在初次实行刚性排名制时对排名者及排名对象的几份通报,只不过将该公司名称改成了"Acme 服务公司"。这几份通报该公司每位员工都曾在排名过程中收到过。

应把排名结果如何出台的信息告诉员工吗?

"和盘托出"既有积极的一面,也有消极的一面,两个方面的论据确凿。积极一面的有:

> 高潜能员工不会在意事业暂时不顺,会从更长远的角度看待自己的发展。和盘托出是一个有效的人才挽留策略。
> 据实谈论某员工的高潜力,可以鼓励经理对他的发展需要、缺点及可能的错误直言相告。
> 多数评估者也将是被评估者,所以他们自然有一种强烈的好奇心,但这种好奇心需要被唤起。
> 多数企业及多数人认为应该对某个人的事业潜力坦白相告。
> 告诉那些排在最低档的员工具体排在哪一名,这样做

可以让他们知道自己需要迅速提高成绩。另外,尽管按规定排名在最低档的员工不会被辞退,但对他们的排名情况坦白相告,可以促使他们马上另找工作出路。
➢ 不妨据实以告,因为多数员工凭自己的力量,通过这样或那样的渠道总会知道结果的。

"和盘托出"消极的一面也不容忽视:

➢ 排名高的员工会把排名视为一种晋升或长期就业的保证或"非书面合同"。当此人评估结果有变化,或者没得到预期中的提拔时,会生气,或许还会提出不满(注:这种风险完全是假设的。没有企业曾报告过此类事件的发生,也无人知道有哪家企业真正出过这类人)。
➢ 今年进前1/4的员工所需要的标准、能力、才华,或许明年会有所变化。但人们也许会以为排名在前1/4的人将永远排在那儿——"一旦进入,永不出局"。
➢ 一个众人皆知的事实是,有些经理不擅长直截了当地向员工传达不好的结果,更不用说在传达刚性排名结果这类重要而敏感的信息时是多么拙劣了。也许,他们会把谈话弄得一团糟。
➢ 刚性排名会创造一帮"太子殿下"(注:若发生这种情况,当然这是不可能的,这实际上是一大益处,会让一

第三章

个人很快现出原形。不断用来评估顶级人才的一项标准是，该人是否能正确处理自己被当做被选中对象）。

> 可能员工会用他的高潜力作为讨价还价的筹码，强迫公司辞退自己的竞争对象。

鉴于以上种种优劣之处，我通常提出的建议是，告诉排名对象他们在排名过程中是怎样被排名的，同时要求他们保密，不要告诉与此事无直接关系的人。

你实际上是怎么做的呢？把消息告诉 A 等员工、B 等员工或 C 等员工时，你说了些什么？附录 A 提供了我为一家公司经理撰写的文字原件，该文件主要教经理如何向接受评估的下属传达刚性排名结果。在与该公司管理发展专家一起准备这份文字材料的时候，我们意识到，尽管我们一般谈"A 等员工、B 等员工、C 等员工"，但实际上，刚性排名制会产生以下 5 种不同的员工分类：

A 等员工——高潜力、高业绩、排名在前 20% 的员工。

B+员工——因为上岗时间较短，或者因力所不及造成的失误，或因为比员工 A 年轻而能力稍逊一筹，从而与前 20% 失之交臂的员工。

B 等员工——绝大多数较为成功的、对公司有贡献的员工。

B-员工——排名差点进入后 10% 的员工，或险些被夹在后10％中被裁掉，或者出现的重大缺失超出其业绩和潜力的员工。

C等员工——排名在后10％的员工。

当你读那些原件时，会看见它们反映了这样一个事实，即我为之代笔的企业——"Acme服务公司"已经决定辞退排名在后10％员工。该公司向那些员工提供了慷慨的一揽子辞退协议，其中包括一条附件，即员工可以拒绝辞职协议，要求试用3个月来证明把自己排在后10％是一个错误，这样做的风险是：如果失败，将接受一个大打折扣的辞退协议，然后走人。

考核结果怎样用？

希伯森咨询公司刚性排名分析报告的作者们对刚性排名制的目的确信不疑，所以提出建议："在公司更广阔的背景下，如在人力资本及人才管理策略范围内，说明刚性排名制的目的。例如，可用刚性排名制确定业绩和潜力排在前5％的员工，提高排在前20％员工的奖金比例，或让排在后8％的员工整改。这些例子说明，刚性排名制十有八九是用来确定某种结果，积极的、消极的结果都有。"[24]

排名本身不产生价值，只有在根据排名结果作出重大决定的时候，这个办法才对企业成功有所贡献。企业经理们应该把排名结果具体用于以下几方面：

第三章

> 为排名在最高档的员工制定高标准、严要求的具体发展计划。排在最高档的员工人人都应有具体的发展计划,该计划有书面材料且能有效执行。他们的顶头上司应负责保证计划的执行。这些发展计划的重点是,对他们委以重任,或工作调动,而不仅仅是提供培训机会。高潜能的员工若长期待在同一岗位或在某个位置上时间过长,创造力会丧失殆尽。

> 奖励。"我们是认真的!"传达这一信息的最快途径是将刚性排名结果与奖励挂钩。正常情况下,成功企业对杰出员工大加奖励,却有意不提拔绩差员工。总之,强调差异性。例如在某大型金融服务公司,经理们积极对那些按前10/后10排名法排名在后10%的下属采取"三零"的做法,即不增加奖金,不增加红利,不给股权。这样,该传达的信息就传达出去了。

> 留住人才的义务。手下有进入前10%或前1/4的员工时,经理不仅要负责(通过业绩考核制度、下一年的排名活动、奖励)执行富有挑战性的人才发展计划,还应该努力留住这些人才。公司损失任何一个排在前1/4的人才,其严重程度不亚于企业遭受了数千万美元财产的损失。

> 不进步就出局的计划。对排在最低档的员工,每位经理都有责任制定并执行一些计划(包括具体日期和结果)来取代原有计划,或者将这些员工分配到其他岗位上去。

> **挑出"公司重点岗位"**。有些工作可提供极佳的发展机会。这些工作应该挑出来作为公司财富,分配给 A 等员工去做。
> **提拔**。提拔要依据一份正式的排名结果。

应该毅然决然地辞退排在后 10％的员工吗?有些公司,如太阳公司,正常情况下应辞退 C 等员工。今天,公司上下所有人仍记得太阳公司首席执行官斯科特·麦克尼利(Scott McNealy)曾说过:后 10％的员工让人"爱他们爱到死"。然而,对麦克尼利的爱反应麻木的员工会接到死亡通知并"速速离开",而那些一如既往没有进步的留用员工将面临无任何补偿就离职的尴尬。[25] 正是这种达尔文式的办法,导致了"按排名排除"这一难听词汇的出台。

许多刚性排名方面的分析家认为,对那些排在最后一档的员工不应该一棒子打死。企业咨询协会所做的一份研究报告建议:"使用刚性排名结果时,须对公司的目的进行三思。"

审核经理们的业绩等级最不易引人异议,而最易引人争议、风险最大的做法是挑出绩差员工,并把他们从公司清除出去。由于刚性排名制将员工排在不同档次里,所以更易引起员工的恐惧和不满。另外,由于排名可能导致一些员工被辞退,很有可能引发争议。但是,一个风险不大又能达到挽留人才目的的做法是:用排名

第三章

法找出优秀员工,给他们加薪及其他奖励。这种办法不会在员工中制造恐怖气氛,排名较低的员工经济损失也不会过于严重。[26]

迈克尔·奥马利在文章"刚性排名:只能谨慎为之"中指出,排名结果的准确性需要随刚性排名方式的变化而变化:"可以想见,一个人对于精确性的胃口,随着以下与业绩相关的结果的增多而越来越大:

> 业绩分数纯粹以提供信息为目的。
> 业绩分数用来作出培训和发展方面的决定。
> 业绩分数用来进行工资调整及奖金发放。
> 业绩分数用来作出留用或开除决定。"[27]

企业文化肯定对刚性排名结果的应用有影响。一个传统家长制的企业或十分强调关系的企业,要想通过刚性排名解雇排在后面的员工,把公司变成一个注重结果的企业,十分不明智。咨询师拜伦·伍伦(Byron Woollen)说过:"首先重视优秀员工的贡献,并为其他员工提供利于成长为优秀员工的机会,只有如此,企业才会做得更好。"

当企业启动刚性排名制时,最好在头几年按公司需要作一定调整,并告诉员工,排名主要用来指导发展机遇的分配。这样,就给了企业适当的时间让它在文化上接受该制度。随后,再引入与排名相关的各种具体奖励标准就容易得多。将发展和业绩作为重点,还可让员工易于接受绩差员工离职的决定。[28]

也许不必要作出一个正式决议,以强行让排在底部的员工离开企业,其实这些员工常常会自动离职。某大型电脑公司使用了严格的前10/后10排名法,但是对员工没采取任何措施,只是告知他们排名在末尾。6个月后,该公司发现排名在底部的员工有30%的人辞职,30%的自动要求转到低岗以求来年评估更有把握,40%的有很大进步。多乐士油漆公司(ICI)发现,排名在最后20%的员工在得知确切排名情况后无须提醒就自动离开的比率最高。[29]

另外,有必要知道,由杰出人才构成的绩优团队必然有人在本组排名低于一个与自己潜力和业绩相当的、但团队成员大都懒散的另一员工。刚性排名制依据的是团队成员的相对业绩,所以,排名具有相当程度的不确定性。评价是前10%还是后10%,一定要参考同一团队其他成员的能力。在某中等水平团队排前10%的员工,到一个很强的团队可能只是一个普通员工;在优秀团队排在后10%的员工,到一个业绩差的团队去可能排在中等。要是能很好地执行企业淘汰制,企业最后10%的员工仍然是可以接受的。当然,也许有人认为强行辞退这些员工显得太苛刻,有可能打击员工士气,所以毫无必要。[30]

有必要设置一道申诉程序吗?

那些排名在最低等的员工有权对排名决定提起申诉吗?

第三章

表面上,答案是"当然"。按公平和公正原则,也应如此。但是,这样做可能生出一些是非来。

对业绩考核等级提起申诉,责怪经理在比较和判断员工业绩时有若干因素没考虑。问题不止于此,问题在于申诉的员工一定会表白自己,说自己不仅业绩好,而且比排名高的人还好。为此,他需要知道谁比自己排名高,怎么比较的。这就成了一个缠人的瓶颈,因为如果提供所有信息,那么势必牵涉到隐私和机密问题。

还有一个困难。假设珍妮排名在后10%。这个排名结果一公布,她便要求给自己一个改进机会,争取下次排名不再排在后10%。这样,就要给她一段时间证明自己已有改善,而她本人也的确这么做了。不过,她所做的只是取代某B等员工,将他挤到C等。于是,这个被取代的人将会讨要一个机会证明评估者评估有误,又上到B等,把某B等员工换到C等,于是就形成了一个恶性循环。

对员工在常规性业绩考核中得到的等级,企业一般不设立正式的申诉机制。不鼓励申诉的做法并非存心不良,并非为犯错的经理,甚至为用心险恶的经理作后台。不设立申诉机制的原因是由业绩考核性质决定的。试想,什么是业绩考核?业绩考核是上司对手下员工工作质量的正式评价记录。允许申诉就是允许员工要求上司更改意见。也许上司应该更改意见,但谁来作裁决?允许申诉,尽管意图崇高,但不可行。

不过,如果企业允许对刚性排名决定提起申诉,同样面临上述问题,因为确定哪个排名决定应该更改,缺少逻辑基础。

更具挑战性的是,允许申诉会把最低档的水搅浑。排名为 C 等的员工一边申诉,一边加倍努力工作,把 B 等内排名最低的员工挤到 C 等。这个被挤到 C 等的员工也申诉,加倍工作,再换掉 B 等中的另一人。这种变动永无休止,到头来,企业得不到真正改善。

如果不对排名在最低档的员工采取任何措施,最好放弃申诉程序,这样不会有什么损失,员工个人也清楚企业领导如何看待自己的业绩。放弃申诉程序等于告诉大家:这就是我们的意见,继续努力,祝他下次好运!

但是,如果排在末位的员工要被辞退、终止合同,或者面临其他恶劣结局,企业肯定应该准备一揽子解除合同协议。可以考虑让员工拒绝这一协议,给他一段时间,例如 90 天,拿出实际表现来证明考核有误,90 天后,用他的目前业绩与其他员工前一次的业绩进行比较。

不过,还有个难做的工作:换掉排在末等的员工并不足以使情况产生多大好转。那么告诉员工本人:企业希望看到的是你在这 90 天内的表现是否能超过起初排名较高的员工,而不只是提高一点点,需要表明你们之间存在很大的差异。若你能证明这一点,你会被视为 B 等员工,直到下一轮排名开始。但是,如果你不能证明这一点,我们现在提供的解除合同协议就没有了,你可能几乎什么补偿都得不到就被除职。

第三章

在附录A中,我提供了如何向员工传达刚性排名结果的文字材料。在给排在企业决定辞退的最末档的C等员工的材料中,你可看见如何向员工解释的实用语言技巧。

刚性排名制与奖励

除明确企业人才分布情况,并找出、培养、留住高潜力员工外,可以鼓励排在低档的员工提高自己或量力另找工作。此外,刚性排名制一般还被用来帮助作出奖励决定。当资金有限时(其实资金从未有充足的时候),钱最好花在值得用的地方,而不是随意使用。

刚性排名结果与企业业绩考核结果完全不同,这一点已不是新闻。使用刚性排名制的动力之一就是,企业业绩考核制度不能反映员工业绩的差异性,因为经理们普遍不愿把员工列在有待进步档或令人不满意档。刚性排名制可以解决这一问题,因为它可以不理会员工个人是否达到标准或超出标准(通常由经理制定的目标难度决定),只关心某员工与其他员工相比的名次分类情况。所以结果也许是,某员工在常规性业绩考核中评分较高,但在相互比较程序中排名则低得多。如果刚性排名制,即相对比较法的结果是用来决定晋升或奖金发放,也许需要作一些解释,说明业绩评估排名与晋升或奖金发放不一致的原因。这些问题在美国人力资源管理协会法律报告中已被重点提出:

如果刚性排名制主要用来决定工资分配(不是开除

员工），用人企业就有可能自行处理员工考核分数与排名结果之间不一致的现象。例如，某绩优团队的员工，在业绩考核中等级也许一般，但在刚性排名中却排在本团队最末位，因而工资涨幅很少或者根本不涨。另外，有些企业严格按排名进行奖励，却遭受了一定损失。所以，经理作决定时须审慎明辨，否则无法将排在中间但处于上升阶段的员工与排在中间但无发展潜力的员工区别开来。[31]

全盘考虑

启动一套成熟的刚性排名制，不仅意味着调整企业行政管理人员队伍，要他们按员工业绩和潜力将员工置于不同的等级。此外，排名方式需要确定，标准需要建立，被排名者需要圈定，排名者需要挑出，排名信息需要向所有受排名制影响的人披露。另外，对于有关评估者使用的标准及结果，也需要作出深思熟虑的决定。

不过，除上述要求需满足外，还有两大规定：第一，参加排名会议的评估者或排名者必须接受培训；第二，评估者或排名者要在客观、道德地履行职责方面接受指导。在下一章，我们将讨论排名过程中如何做到客观、道德。

第四章　采用适当的技术手段

在第三章中,我们讨论了启动刚性排名制所需作出的政策决定。不过,无论政策怎样,决定刚性排名制最终成功与否的是下列两项技术性方法:培训排名者或评估者;确定能干的会议主持人。本章将聚焦这两点,同时在如何减少刚性排名制潜在的负面影响方面,向你支招。但是,政策是否明智,要到实践中去检验;刚性排名制是否成功,要看使用过程中技术手段是否适当。

培训评估者

　　培训即将参加刚性排名会议的经理及行政管理人员具有多重目的,其中最突出的目的是教他们如何正确判定各个考核对象的业绩、潜力、相对贡献。培训是必要的,它好比加气压的阀门,给不情愿或有抵触情绪的经理辟出一方小天地,让他们发表不会影响最终结果的怨言和保留意见。培训能使每个评估者了解排名的基本规则,掌握一些技术方法,

第四章

还可以传达高层管理人员建立业绩型文化的意图。如果高管们能亲自出席培训班,甚至作为培训班学员,就能更好地宣传业绩型文化的重要性。

用相对比较法作为企业人才管理和业绩管理的一个组成部分是否正确?对此问题,培训可帮助学员们作出正面回答。许多经理对刚性排名的了解主要来自有关法律案件的头版消息及对刚性排名制大加鞭挞的文章,他们需要了解另一方面的意见。

另外,如果有人提出质疑或挑战,受过培训的人就知道如何替刚性排名制进行辩护。

开办培训班前的工作

许多企业制作"简介册子",提供所有考核对象的业绩及人员统计数据,其中也许(也许应该)含前一两次业绩评估材料及考核对象的简历。对那些与评估对象没有直接交往但正在摸索企业人才情况的评估者而言,照片或许有用。在培训班开班前,有必要为参加者提供简介手册,让他们审阅与自己下属相关的部分,以确保简介手册的准确和完整。

除检查自己下属的数据是否为最新数据外,评估者还应该从考核对象名单中找出十分熟悉的但不属自己管辖的员工,这样参加排名讨论时就能提供充足的信息。有充足的信息,意思不是指评估者对每个人的业绩及能力都能掌握得与该人的顶头上司一样全面透彻,而是说,评估者能够按既定标准对每个考核对象的业绩和能力在信息全面的基础上进行排名，或者能提供与此人的交往经验、实例和轶事，来说明排名应该是高还是低。

对自己每一个即将接受评估的下属，评估者都应从业绩、潜力、能力、发展需要等方面作出粗线条的初步总结。经过培训，这些项目将进一步细化，不过应当预先一一列出来，将会使排名会议的与会者在人才排名过程中始终按这些项目去思考。

如果有具体标准用于排名会议，还应要求每位与会者明确说明自己依据哪条标准确定考核对象最强的方面；依据哪条标准确定此人最需要提高的方面。

其他准备活动还可能包括：规定与会者阅读一篇有关刚性排名、业绩管理或人才发展方面的文章，同时令其找出该文章中最有用的部分，或者他最不愿苟同的地方；要求每个与会者带着问题而来，这些问题其实就是他希望能在培训过程中得以解决的疑惑。

还可以要求排名会议的每位与会者初步认定标准型员工。这些标准型员工无疑会出现在前10％或后10％（假如用的是前10/后10分法）。标准型员工可用来界定何为前10％，何为后10％。那时我们就会发现，确定排名在两端的标准型员工，能使刚性排名讨论有一个良好的开端，因为标准型员工对其他考核对象而言是一种参照。

刚性排名制介绍

针对即将参加排名会议的人而开设的培训班，需要包括以下三个方面的内容：

第四章

刚性排名制的理由(包括为什么企业决定继续进行刚性排名制,为什么说这是一个好办法,为什么应该严肃对待)。

刚性排名制的内容(包括刚性排名制的目的、目前情况、排名结束后可能出现的新情况、责任、具体的技术性方法,如会议地点、会议方式、会议时间的选定)。

刚性排名制的方式(包括如何评估业绩和潜能,如何规避评估错误,如何处理评估中出现的不一致现象,如何使刚性排名办法与其他业绩管理活动联系起来,如何把排名结果告诉下属)。

培训班的时间和培训内容

人人都很忙,参加评估会议的评估者尤其忙,因为他们是企业的资深经理。所以,约花两三个小时就应该足以全面说明刚性排名制的内容和目的,提高他们的业绩和潜在评估技术,回答他们提出的各种问题。

我对即将参加公司刚性排名会议的经理进行培训时,通常应当遵循以下内容流程:

背景。公司在什么背景下执行刚性排名制。

理据。公司决定启动刚性排名制的原因,公司希望通过这一办法达到什么样的目的。

结果。排名结束时可能发生的情况。我在这个问题上着重讨论公司对那些排名在低档的员工应有什么安排，经理对排在最高档的下属应负什么责任。

最新动态。到目前为止的情况。

技术性方法。刚性排名制的实际运用方式——一步步的计划（这一点上应该有很多问题）。

技术培养。培养评估人员作出正确决定的能力。

解答与会者提问到结束。

评估技术的培训

优秀评估者的一个基本技术是行为观察能力。典型情况下，我列出企业既定标准，要与会者（通常为一个团队）举几个例子，说明哪些行为他们会当做证明考核对象在这一方面表现突出的指标，还可以要求他们举例说明哪些行为他们会当做证明考核对象在某一方面表现不佳的指标。这种做法不仅有助于他们理解"高能量水平"、"强烈的结果意识"或"优秀的管理能力"的意义，还有助于他们用行为学语言对具体事例进行描述。

擅长用行为学语言确定和描述刚性排名制标准，还远远不够。与会者还需要在参考具体标准及其他因素的情况下，有能力确定考核对象属于 A 等、B 等还是 C 等。要做到这一点较困难，仅从理论方面是不可能完成的。

我发现，将员工归入 A 等、B 等或 C 等的最有用技巧，是要求评估者把自己工作以来所有顶头上司名字的首字母写下来。要用自己认识的真人真名，但具体是谁，要保密。从现在老板的首字母写起，然后是以前老板名字的首字母，接着继续往后想，能

第四章

记住多少写多少。在大型公司呆过很长时间的经理,多数可毫不费力地写出 12 个以上老板的名字。"现在找出其中一两个你认为可以打 A 等的老板,然后是一两个 C 等老板,接下来,不必要说明具体个人(因为完全有可能会把现任老板作为 C 等老板的典型),只是告诉我们你的 C 等和 A 等老板是如何确定的。"我要求他们不仅描述自己的感受,还要提出一些行为上的实例,然后问他们是否发现公司执行的刚性排名制标准与他们个人用于评价老板的标准之间有联系。

巧用行为—结果矩阵

另一个有助于排名培训班学员提高评估技术的有用技巧(及用更委婉的方式向他们证明等级虚假现象的普遍程度),就是在活动挂图中画出行为—结果矩阵(参见图 4-1)。

图 4-1 行为—结果矩阵

		结 果		
		超过	达到	没达到
行为	超过	1	2	3
	达到	4	5	6
	没达到	7	8	9

采用适当的技术手段

首先,我在活动挂图上写下结果和行为两个词,提示说它们是工作业绩的两个组成部分,然后我画了一幅9格表,解释道:对这两个因素而言,某人的业绩要么超出并达到其老板的期望,要么没有达到。接着,我把9个方格标上号,用以注明业绩可能包括的9项内容。

此时,我向培训班学员抛出一些事例,问他们9个方格中哪一个能最全面地说明该人的业绩状况。我说,首先看看某超级销售员吧。此君总是超额完成任务,然而采取的是令顾客和同事生气的方式,那些与他一起做销售的同事尽力避开他,因为他不仅爱自吹自擂,而且还总是抢同事的生意,而他的客户从他那里买东西是想不被他继续纠缠。但是不管怎样,他总能超过定额,无论定额有多高。请问,哪一个方格最能反映他的业绩?

当然是第7个方格!就成果而言,他超过了预期希望,但在行为方面,却没有。

现在,看一看好样的乔——公司的大众情人。乔是懂礼貌与乐于合作的模范,他与所有人相处融洽,谁都跟他熟,脏活累活总是他第一个抢着干。但是他再主动也没有团队愿意吸收他,因为他总能用某种方式把事情弄砸了。请问,哪一个方格能反映他的业绩?

当然是第3个方格。在行为上,他超出了期望,但是在结果上却没有。

矩阵是不是能让人一目了然?接着,我要他们写出下属姓名的首字母(为保护隐私),然后是每个考核对象姓名的首

第四章

字母,在方格里填上最能反映该人业绩和达到结果及行为期望对应的方格。等他们填完之后,我要求他们把结果汇总起来。

根据他们的汇总发现,很多人排在第 1 方格,只有少许人排在第 2 方格和第 4 方格。对此结果,我的解释是,他们刚用过的矩阵不是对下属业绩质量的调查,而是用来分析他们制定的标准有多严格或仁慈。如果他们说排在 1 格(2 格和 4 格)的占多数,那表明他们对员工的业绩期待过低,他们的等级很松。理想的答案是多数人在第 5 格,这才表明经理对业绩期待高而严格,表明经理拥有一支才华出众,并能完成自己高要求的队伍。

将业绩和潜力相结合

常规性业绩考核制度只注重员工一段时间的表现,如要求经理只评价哈丽特过去 12 个月的能力及行为表现、公司目标完成情况、本人职责情况。而刚性排名制则增加了一个考核点:除考核员工业绩质量(相对于其他员工,而非达标情况),还要求经理评价其潜能,即其张力。在准确进行困难而必要的排名活动中起重要作用的因素有许多,其中有些虽然无形但可用语言描述,如他的概念思考能力、对高水平岗位中各种常见问题的处理方式、有无明显的上进心等。

还有一种矩阵,可用来帮助排名者了解业绩与潜力之间的关系,可引导评估者在评估结果出来后采取恰当的行动。这个矩阵叫业绩—潜力矩阵(图 4 - 2)。

图 4-2 业绩—潜力矩阵

	低 业绩	高
高 潜 力 **低**	茶杯垫 ● 警告 ● 提出目标发展计划 失败者 ● 直言相告 ● 撤职	明星 ● 计划快，动作大 ● 提高奖励 中间力量 ● 留用 ● 做导师

帮助经理精于行为观察及差异化的技巧，肯定还有许多。然而，与评估者技巧积累活动交织在一起的应当是一种连续发出的信息，这种信息始终强调观察及敏感的重要性。这样，就算结果后来受到挑战，员工不会做也不会说出任何可能对企业不利的事情。但是这里要给均等就业机会项目浇盆冷水：评估人员技术培训班不是多样性培训班，对于企业多样性的研究不需要提供再多的培训，否则可能导致技术饱和。

评估者培训班可能涉及的另一主题是如何向下属传达刚性排名结果。在培训班培训材料及给评估者的有关排名的备忘录上，某大型制造公司做了以下说明："因为（某公司）日前使用的领导能力考核计划不属保密性质，我们已经公布

第四章

过这一项目的性质及等级标准,所以鼓励所有评估者让自己即将接受考核的下属提供任何他们愿意补充的信息。"这是实践无秘密、无意外原则的一个经典案例。

如何应对与刚性排名制有关的一切结果

培训班的首轮问题常提到,如果有一个下属排在最末档,经理应采取什么措施?当然,回答视企业执行刚性排名制的目的而定。如果企业只把刚性排名制用做寻找高潜能员工的工具,对其他员工无任何行动计划,那么不拥有 A 等员工的经理将无事可做。从另一方面而言,如果企业打算辞去排在末档的员工,那么这些人的顶头上司要负责传达坏消息,并将他们辞退。

然而不幸的是,培训班往往把太多的注意投到下属排在末等的经理职责上,对下属排在最高档的经理所负责任关注不力,所以经理在向 A 等员工表示祝贺后立即把精力转向其他事情。

许多公司对下属排在 A 等的经理有很高的期望值,希望拥有高潜力员工的经理不仅要与他们共同拟定真正能发挥作用的发展计划,不仅要派他们参加培训班或到大学学习高级管理课程,还要有意识地提高其工作的挑战性和责任感,并提供在现职上作出巨大成绩的机会,直到此人晋升到更高的岗位。这些高级人才的经理还应负责留住这些公司的宝贵财富,如果听任 A 等员工谋求"更好的机会",那么经理本人业绩考核时就会出现严重的后果。在得州仪器公司、柏士半导体股份有限公司(Cypress Semiconductor)及许多其他重视人才的企业里,让高潜力员工流失的经理会接到总经理或首席执行官的电话,他们会质问:"你为什么放他走?"这种电话,没有一个经理愿意听到。

谈谈"客观性"

培训班内外,自始至终都会有人提出这样一个令人担心的问题——刚性排名过程是否"客观"。普遍认为,只有那些可直接计算的、有科学证明的、可量化的东西才是客观的,而经理对下属业绩和潜力进行的评价和提出的看法,被界定为"主观的"。

这是谬误。正如第二章讨论过的一样,客观的含义是,"不受感情或个人偏好影响的。如,'一位客观的批评家'。建立在明显现象之上的,实事求是的说法。如'一场客观的考核'。"[1]

事实上,刚性排名制可以通过将人才评估的复杂工作系统化来增大考核的客观性。刚性排名制的一大好处就是,可以明确企业用于业绩及潜力评估的标准,继而迫使经理在作出判断时只使用那些标准。

排名,特别是按个人潜力及发展空间进行的排名,常常要在可靠、一致、可定量的、数据十分短缺的情况下艰难进行,有时需要在数据不完整,甚至前后矛盾的时候作出所期望的客观判断,这一点与其他领域大受欢迎的、卓有成效的管理办法如出一辙。的确,经理们总是在有限的数据基础上

第四章

作出艰难抉择,如资助哪些项目,搁置哪些项目,什么时候对竞争对手的竞争行为加以迅速一击,什么时候决定竞争走势……但是仅仅因决定的依据不可靠就否定决定的客观性是不对的,因为对细微变化的敏感、化敌为友的能力、乐为客户多费力等等这些宝贵的客观能力无法换成可量化的数据公式,而且给员工排名与解代数题不一样,毕竟不可能使排名当做一道算术题来做。只要是企业,就需作出艰难的抉择,而数据永远是不完善的。刚性排名制可帮助明智而富同情心的经理作出艰难抉择——客观的抉择。

筹备排名会议

最好把培训班和排名会议这两个活动的时间前后紧紧安排在一起,如果两者时间相隔太久,技术有可能退化,对即将到来的排名热情有可能减弱。

在为某家计划把刚性排名制纳入年度考核的大型企业准备第一份备忘录时,我与人力资源部人员一起撰写了一份培训小册子,上面记录了一些常见问题。这份小册子还向即将接受考核的员工发放。在培训班与排名会议中间休息的一周时间内,公司要求经理诚邀即将接受排名的下属阅读这份常见的问题书,提交自认为对评估自己业绩和潜力的排名者有帮助的任何信息,进一步提出与自己相关的排名过程的任何问题。在附录B中有一份常见问题的原件,里面我只修改了企业名称。

召开刚性排名会议

经理们聚在刚性排名会议上审议考核对象时,会场可能笼罩着紧张气氛,令人忐忑不安,特别是企业初次使用相对比较法的时候,气氛尤其不安。此时,最好看一看这一做法的目的,读一读基本规则,温习一下预定目的,提醒与会者注意培训班学过的一些重要内容。

一项重要的"基本规则"是记笔记。由于会议现场记的笔记有可能成为日后出现法律纠葛时的呈堂证供,所以公司应保证做会议记录的人肯定不会记录日后可授人以柄的内容,如证明排名使用了一些禁用标准(如年龄)。从这个角度而言,会议主持人最好外聘,或者请人事专家或公司法律顾问作为笔录和问题解答者,以防不定因素的出现。应该建议记录人在记录有关员工排名为 A 等或 C 等的决定时要特别用心记录,因为这种信息将来有助于制订适当的发展计划,和计划流程的改进。

为便于评估,有些企业在刚性排名会议上使用软件,但是有一种技术含量低、且能起到更好视觉效果的更简单的会议启动方式,这个方式就是开会前把考核对象的名字写在便贴上,按字母顺序挂在会议室一边的活动挂图上。面对与会者的墙正面,再挂上几幅更大的活动挂图用来标注企业决定使用的排名档次,每个上面留一些空隙,以便将每张写有考核对象名字的便贴贴到该贴的档次内(参见图 4-3)。

第四章

图4-3 刚性排名挂图

高20%	中70%	低10%

注意,在图4-3中,每一档的留用空间依20—70—10分法而定。

会议主持人最好在挂图上注明即将接受考核的总人数,然后是百分比代表的具体数字。这样,与会者就能确切知道会议结束时每一档里应该有多少张便贴。

在每档具体人数的百分比时,很少有公司把百分数等同于一个全部的数字。换言之,假若企业用的是20—70—10分法,那么就有4名或5名员工须分到低档吗?最好在知道第4或第5差的员工是谁之前就作出这一决定,这样就不会在人选问题上作决定了。

在确定把百分比化成实际人数放到各档次时,最好胸襟广阔一些。例如在有47个考核对象的排名会议上,把后10%的4.7人约为5人,或者把20%约分为9人,因为按算术的四舍五入,应把9人放入最高档次,其实这种所谓的严格毫无意义。可以心胸宽广一些,把4人放入低档,把10人放入高档。因为对刚性排名制的反抗情绪已经够高了,不要因为数学没学好,又为反对派们增加一个攻击的把柄。

一旦目标数字被确定并记录下来,可让排名者手持写有考核对象名字的便贴到挂图前,撕下写有自己下属名字的便贴,将它们一一贴到相应的位置上。这一步可有两种方法供选择:或者要所有与会者同时移动便贴,或者让自认为是标准型员工(公认的高档员工或最低档员工)的与会者开头,让他们把这些标准型员工的便贴贴到挂图上相应的地方。

让所有人同时移动便贴的好处就是,与会者移走便贴坐回原位后,最初的排名分布立即一目了然,很可能第一次确定前10%和后10%时,排名分布就如所要求的那样体现出来了。这种结果自然很不可能,但仍然不排除其可能性。

无论公司确定的正式排名法(前10/后10法、20—70—20分法、1/4分法,及一个一个的排名法等)是什么,讨论的焦点始终是区别A等、B等、C等员工。在使用简单的便贴法及挂图法问题上,我见到的从来都是这种情况:评估者不将所有便贴贴到同一个排名档次内,而是沿着一个连续数张贴,想以此说明贝蒂与鲍勃尽管同在"中间70%"档,但贝蒂便贴的确切位置在"前20%"档之外,而鲍勃的排名较低,接近"后10%"档。

我觉得最好允许并鼓励这种连续数的思维方式。第三章曾谈到我在替经理们书写如何向下属传达刚性排名结果的建议文本时,发现需要写5份不同的内容,而不能按公司决定3档就只写3份内容,因为该公司行政管理人员不只划分A等、B等、C等,还把B等分成B+、B、B-,目的是让考核对象知道自己的具体排名情况。信息就是这样,越精确,就

第四章

越宝贵（这些文本的原件在附录 A 可见）。

用标准型员工的方式开始排名讨论的方法有几大好处。首先能清楚反映顶级员工的优点是其他类员工所没有的。例如，如果大家都认为弗雷德无疑属于企业的前 10％，那么评估其他员工就容易得多，因为现在有了一个公认的比较点或参照点作标准。此外，由于公司明星员工往往众人皆知，很可能出现的一种情况是，不仅弗雷德的老板，甚至所有与会者都能够提出有说服力的例子证明为什么要把弗雷德摆在头等。一开始就讨论明确的、以行为为基础的例证，有助于对后来较难定位的考核对象进行排名。百事公司前总裁安迪·皮尔逊长期以来坚持刚性排名制，他说："把一般员工与杰出员工相比，你会调高标准，提高期望值。"[2] 这就是刚性排名制的目的。要在全企业内鼓励更高目标、更大期望值。

会议主持人的作用

排名会议成功的关键在于主持人是否能管理好与会人员。虽然内部培训专家或组织发展专家也具备领导刚性排名会议所需的成熟的主持技术，启用内部人员作会议主持人的做法有可能掀起一个巨大的波澜。首先，内定的主持人一般不与与会者在同一级别上，因为正常情况下参与刚性排名的排名者多为副经理级别。如果主持人是某人的手下，而这个人又是某副经理的手下，级别差异使主持人难以控制会议局面，因为与会者显然会施展政治手腕，引导与会同事作出自己想要的决定。人的记忆是持久的,况且内部指定的主持人在会议结束后很长时间内仍然还待在原来的工作岗位上。

第二点,也是较重要的一点,内定主持人可能认识许多考核对象。即使坚信会议主持者的正直,知道他绝不会将讨论内容泄露出去,与会者说话时仍会严把嘴巴关,担心一不留神会被考核对象的同事听了去。刚性排名讨论需要公开、诚实、自由,任何妨碍排名会议进程的事都可能降低会议的价值。外聘的主持者由于对考核对象一无所知,排名后的任何结果与己无关,所以由他主持效果会好得多。

刚性排名会议的主持者有如下几个方面的责任:

> 宣布会议开始,宣读基本规则,解释评估程序。
> 注意时间,提供例行时间表。会议一开始最好向与会者宣布每个考核对象的讨论时间(即把考核者使用的时间作为会议时间表)。预先提醒与会者,会议刚开始时往往容易花大量的时间讨论一个员工,这样就会牺牲掉后面讨论所需时间,所以到会议快结束时就觉得时间很紧了。
> 在会议全部过程中,鼓励与会者积极参与讨论。刚性排名会议紧张而激烈,毕竟员工的事业命悬一刻,因此与会者很容易从思想上否定自己不熟悉的考核对象,放弃提出深刻问题的责任,放弃坚持所有人一个标准的观点。有时,短暂的休息有助于与会者暂时在

第四章

情感上、思想上，甚至身体上放松。

➢ 留心讨论中常见的评估错误，如向心倾向（central tendency），即评估者把每个考核对象的等级往中间打，这个现象在能力较弱的经理中毫不鲜见。这些软弱的经理往往通过把所有人排在 B 等，来对刚性排名制表示抵制，他们以为只要不打 C 等，就没人找他们大吵大闹。又如最近效应（recency effect），只讨论近几个星期发生的事例，这是评级过程中的一个常见错误。另一个时常出现的错误十分微妙，是与我相似效应（similar-to-me effect），即评估者下意识地给与自己有相同风格或特点的下属打高分，给风格与自己不同但效率更高的员工打低分。按罗伯特·凯利（Robert Kelley）和珍妮特·卡普兰（Janet Caplan）略带讽刺的说法："有些经理至今闹不明白高生产率是否只应归功于个人工作风格和兴趣。在许多情况下，他们是在为自己的个人风格找理由。'干净办公桌'的主人说，有条理可以造就较高的生产效率，然而'杂乱办公桌'的经理们却将自己的风格当做具备高业绩创造力的证明。"[3]

➢ 对排名会议上进行不下去的秘密议程及无言的密约，要练就一副火眼金睛。要有勇气面对随时可能爆发的正面冲突。

或许，会议主持人最重要的责任就是帮助与会者找理由把员工放在正确位置上。主持人通过向与会者提出高质量的问题,促使他们关注考核对象的能力和潜力,教他们在评价下属时如何从各种角度进行思考。

针对某考核对象,应该提出些什么问题呢?领导问题专家梅尔文·索切(Melvin Sorcher)和詹姆斯·布兰特(James Brant)认为下列问题具有参考意义。[4]

涉及考核对象人格是否完整的问题:

> 你知道他有过遮掩信息、渲染信息或隐瞒信息的行为吗?如果有,在什么情况下?
> 适当情况下他相信别人吗?
> 他坚持自己的观点,还是随政治风向摇摆?能举几个例子吗?

考核对象传递信息和期望的方式:

> 当他说服别人接受自己观点时,说服力有多大?
> 他能获得高管们的尊重和注意吗?
> 他能根据听众需要调整自己的讲话吗?有例子吗?
> 他聪明肯干、说话顺耳吗?

考核对象讲道理的方式及分析问题的方式:

> 对于各种各样的信息,他的采集、整合能力及速度怎

第四章

样？
➢ 他是否有逻辑？他如何表现出深思熟虑？
➢ 面对模糊不清或复杂不定的形势时，他会采取拖延措施吗？还是当机立断？举一例。
➢ 他是一个战术型思想者，还是一个战略型思想者？
➢ 对公司他有什么设想吗？他是否能够证明自己有能力将企业带入一个崭新的领域？
➢ 他对未来的趋势看得准确与否？是否有预见能力？是否能将预见转化为成长期的发展目标？有例子吗？

考核对象对自己新成立团队的管理方式：

➢ 他表现出整合一支良好团队的能力吗？解释。
➢ 他受到经验更丰富、为人更精明或技术更过硬员工的威胁吗？
➢ 他与风格不同、技术水平差距大的员工相处得如何？
➢ 他身边是否总是围着一帮强硬的人？这些人有可能取代他吗？这些人是否告诉他他需要知道什么而不是想听到什么吗？
➢ 他如何鼓励其他员工独立完成任务？能举例吗？
➢ 他代表权威和责任，还仅仅是任务？
➢ 对某些活动他有时表现出不必要的兴趣吗？也许他常对其他员工流露出过度的权威意识？

采用适当的技术手段

不过，有一个重要角色组织者不能扮演，他不应该加入手拿便贴站在挂图前调整便贴位置的评估者队伍。随着会议的深入，评估者会改变看法，重新修改自己的排名决定，此时他们可以到挂图前更正自己的排名决定。此时，与会者希望组织者承担起这一过程的管理责任，当然这项责任很容易，且在众目睽睽之下。不要动！移动便贴或在电脑软件使用过程中调整名次的人，应该是考核对象的顶头上司。别的人都不许碰！

结束排名会议

坦率而言，我发现很少有刚性排名会议在正式规定的结束时间内结束。讨论的确是激烈的，且有大量工作没做完，但是最好按规定时间完成，而不是确定一个时间要大家再回来继续上一次的讨论，这样做只会浪费精力。

排名会议接近尾声时，有必要要求与会者检查贴在挂表上的名字，或者把结果投影到大屏幕上，以确保最后排名的准确性：就正式排名档次而言，考核对象的名字位置正确吗？他们的名字不仅按准确位置排列，还要按经理们在一次次将企业人才进行细致分类时出现的想象的连续数排列吗？如果用电脑软件排名，程序会记住最后的排名位置吗？如果用在挂表上贴名字的方法注明考核对象的排名情况，那么在会议结束时最好把这个挂表用数码照相机拍下来，这是准确记录最后排名的一个便捷途径。

会议结束时，不要忘记提醒与会者对考核结果保密，同

135

第四章

时对结果的讨论内容保密。应该命令经理们不得让下属知道自己的排名是怎样产生的,因为直到经过人力资源部或法律部门审议并确保不会产生重大负面影响后,这一排名结果才能转为正式的结果。此外,会后审议可以看到这样一些现象,如本应接受考核的某个员工没被考核,或者有个员工受到两次不同会议的排名……这些管理上的失误确有发生,所以只有等到最后一切都稳妥之后才公布优胜者姓名。

会议结束时应该提醒与会者记住下一步应该做什么。另外,如果这次排名会议是今后一系列排名会议的第一次,那么要组织一个简单的"经验教训"发布会。

将潜在的负面影响降低到最小

通过对上述所有问题进行充分考虑,通过选取上述建议使其适合你的企业文化和企业需要,你可拥有一套自己的刚性排名办法。这套办法能准确反映公司人才相对分布状况,能将反对意见和忧虑情绪降到最低限度。但是,在设计这样一个重大举措时还有下列几项需要考虑。

沟通。随时向每个与刚性排名有关的人员发布相关信息。传达公司执行刚性排名制的决定有多种方式,但是每个受到影响的人,无论是评估者,还是被评估者,都需要知道目前进展及其原因。

沟通活动针对那些排在头等的员工。开始,也许多数即将接受排名的员工会认为自己是顶级员工,可排在前20%之

采用适当的技术手段

列,或者说在前 1/4 档,当然如果所用排名法为 1/4 分法的话,但是他们的自我评价也许背离现实。在探讨行政管理人员为什么看不到自己的问题时,企业礼仪顾问芭芭拉·帕切特(Barbara Pachter)指出,那些夺魁者与一般人无异。"我为100 000 多人开办过 1 500 届研讨班,没有一个人承认自己有过恶劣行为,问题总是别人的。同样的心理促使他们每个人都认为自己应该排在中等偏上,而事实上许多人都排在中等偏下,但他们从不亲口承认这一事实。所以,第一件事就是要让企业员工承认(如果可能的话)自己犯礼仪错误的时候,自己都不知道。但是他们都认为,如果自己知道了,也一定会改正。"[5] 刚性排名制的一个巨大益处是,假如管理得法,排名结果经过了公正的讨论,人们就会知道自己在哪些方面需要提高。

当得知自己没排在高档时,仅看排名秩序,3/4 或 8/10 的人都会感到失望。但是最初的沟通需要强调:公司采用这一制度主要是为了提高绩优员工的事业潜能,不是为了否定大部分员工。沟通的主题也许包括以下信息:

> 只有在公司受到重用,才能赢得参加排名的权力。
> 刚性排名制是一个挑选优秀人才的工具,可保证优秀人才很快得到晋升。
> 刚性排名制有助于公司创造一个人才济济的管理干部队伍。
> 对正在创建和执行中的发展计划,刚性排名制可以增

第四章

加其真正产生效果的可能性。
> 刚性排名制将确保没有才华,且能力最弱的经理面临转岗或离职。
> 刚性排名制将确保按劳取酬原则的执行。

针对如何做好评估工作向评估者提供培训和指导。众所周知,经理们不愿意让自己部下的相对业绩和潜力差异化。解决这一问题的两种方式是:第一(也是最重要的),高管们要坚定不移地执行这一政策,并采取铁面无私的标准;第二,给经理提供培训和指导,使他们没有理由不完成自己应尽的职责。这种培训和指导可通过以下活动,满意地开展下去。

> 为评估者召开约两三个小时的会议,会议内容包括公司采用这一制度的原因,按企业标准评估潜力、提升力和优缺点的方式。
> 有关排名会议的议程安排,应提供具体的书面指令。
> 为如何传达排名结果及创建发展计划提供培训。

为每次排名会议指定经验丰富的内部主持人或外聘主持人。主持人的任务将是,确保会议达到要求,确保会议使用铁面无私的标准。

监督结果。出于法律方面的需要,须对排名结果进行监

督。此外,还应提供一些测试,以确保结果的相对准确度:

> 部门之间的排名有很大差异吗?(例如 X 部门有 35％ 的人排在高档,而 Y 部门只有 15％ 的人排在高档。)

> 员工所属单位是公认的人才济济的单位,还是业绩很差的单位?这一点是否在高档和低档有所反映?尽管人人知道某一部门除了失败者还是失败者,但还是要求它与另一部门都严格执行前 10/后 10 分法,而这个部门被企业公认为明星荟萃。要是这样做的话,那就大错特错了。

> 不同水平的工作有适当的排名分类办法吗?换言之,排在高档的人绝大多数是高薪员工吗?低薪员工主要排在低档吗?

> 至于排在最低档的员工,他们的业绩曲线真的在最底端吗?他们是不是纯粹就是最明显的攻击目标(接近退休,或已接受另一家公司的工作,或刚到一个新岗位,或大病初愈,等等)?

确保一流的公司业绩评估手段。最后记住,在大部分情况下,排名和继任计划一般只会影响到小部分员工,有时甚至与员工毫不相干,而业绩评估则影响到每一个人。排名给高管们提供了准确的人才信息,以确保公司战略计划的实现,而业绩考核则为每名员工提供所需信息,以保证个人和企业的成功;要使排名制在公司发挥最佳作用,公司业绩考

第四章

核办法应该是世界级的。

在下一章,我将以某大型公司为实例,向你介绍刚性排名制是怎样展开的。

第五章 刚性排名幕后的故事

2002年6月,我与一家全美最知名的消费品公司共同完成了一项大型刚性排名项目。该项目在该公司首战告捷。应该公司请求,在此匿名,姑且称之为 Acme 服务公司吧。

Acme 公司为什么决定选择刚性排名制呢?事情得从三年前说起。当时,为了求新求变,Acme 从母公司引进新的首席执行官。上任后不久,该首席执行官就发现:

> 尽管公司赢利很大,但在过去几年里,市场份额一直没有变化。
> 公司文化用以下词汇来界定最恰当不过:很长的任期、最大的努力、团结和睦、一同前行、平安无事。
> 有定期的例行业绩考核制度,但执行起来普遍心慈手软。公司业绩考核结果分五个档次,但几乎所有人都排在前两档。即使在最初业绩考核等级差异最大的销售部门,所有的低分都集中于销售人员,中层经理

第五章

的等级较高,而销售部门所有高管则一律排在最高的考核等级。几年来,尽管销售量一直没有下滑,销售部门却被公认为公司业绩最差的单位。

➤ 公司人才梯队计划具备所有公认的标准特征,但有两个矛盾的问题很突出:首先,某些候选人年复一年被认为应该晋升,但毫无动静;第二,企业关键岗位很少由梯队成员充实。

此外,业绩改进部新上任的经理想用刚性排名制探索出一条途径,解决企业一团死水、业绩管理不严的局面。这位经理有20年的人力资源管理实战经验。

刚性排名制的第一项活动是我为公司高管做报告,报告时间为3个小时,概括刚性排名管理,重点介绍我在几家公司的亲身经历。在报告结束后,我们讨论了一些研究数据,这些数据表明优秀的业绩管理与最佳商业利润之间有很高的相关性。我们还讨论了一些企业在将刚性排名制作为人才管理办法方面的经验——有正面的经验,也有负面的教训。令人吃惊的是,我们花了大量精力区别通用公司、太阳公司或百事公司正式使用的刚性排名制与Acme现有业绩考核制中有关分数的分类要求。此外,在刚性排名制会产生什么样的文化影响方面,我们花了大量时间进行讨论。不仅如此,在假定公司领导决定启动这一制度的基础上,我们集中讨论了刚性排名制的关键组成部分,因为这些部分有可能使Acme刚性排名过程适合他们想要创建的文化及首席执行官制定的目标。

作为一个团体，高管们分析了对成功实施刚性排名制至关重要的六个方面：

> **评估标准**。既然要评估的是领导能力及未来潜力，高管们意识到自己需要某些标准尺度用来衡量企业各部门的员工。几轮讨论之后，四项大家都认为可行且可操作的标准出台了，即执行得力、结果意识强、善于与人相处、不畏抉择。前三项标准直接取自公司的"价值体系"，最后一项不仅是其他价值观的体现，从某种程度而言还是可量化的，参加排名会议的评估者可按这一标准评分。高管们还要求评估者评估时考虑每个考核对象过去的业绩情况、未来两三年的潜力、才智水平、团队精神或与他人的合作能力。

> **自上而下的办法**。排名制的运用范围有多大？收益递减点在哪里？行政管理队伍也应接受排名吗？为保证刚性排名制能产生最大的影响，我们决定，只有行政高管和副总裁队伍（47人）与他们的直接下属（180人）接受排名。这便意味着那位新任首席执行官要与我一起帮他给他的7名直接下属排名。然后，他的这7位直接下属将与他一起开会评估副总裁队伍，而副总裁们将与他们的直接上司及首席执行官再开会，给剩下的经理打分排名。

> **排名办法**。令人称奇的是，有关刚性排名制的报告还

第五章

没彻底结束,关于最佳排名办法便出现了两套选择方案。有些人赞同采取 1/4 分法(即 25—25—25—25 分法),依据是,这个分法可避免某些畏惧冲突的经理把所有下属一股脑地放到中间档;另外一批人人数稍多一些,认为应该采用前 10/后 10 分法。此次会议结束后一周左右,该首席执行官做出一个决定,决定使用通用公司的排名法,即前 20%、中间 70%、后 10% 法。所有行政管理人员迅速接受了这一决定。

➤ **保密和交流**。对即将启动的刚性排名制,公司的宣传活动要做到什么程度?应该告诉被评估者他们在刚性排名过程中的名次是怎么得出来的吗?公司高管队伍决定向所有免排名员工,甚至与排名过程无关的人宣传这一制度。该项决定源自行政管理会议上得出的这样一个结论:先从企业高层排起,假如在这批人中试验成功,第二年可把排名制扩大到第一年所有免排名的员工中间。"无秘密,无意外"是排名制的口号。

➤ **程序**。应该怎样具体组织排名会议?时间多长?每个与会者的角色和责任是什么?排名者应该做什么样的准备才能保证自己的工作因信息量充足且比较准确?我们决定,对所有排名者强制进行 3 小时的培训并举行异地排名会议——两个都是较好的决定。我们还决定一天开两次会议,后来发现这是一个很糟糕的决定,因为要完成所有评估对象的排名有一定的时间压力。最后由于时间紧,我们结果在寻找A等员工的发展空间及制定C等员工的替换计划上所花时间比较少。

> **各种结果与各种结局**。一旦排名会议结束会出现什么情况？对排名为公司A等的人,我们有什么计划？对排名为C等的,我们打算怎么处理？相形之下,后一种问题更令人不安。

怎样对待排名在后面的那些人？围绕这个最后问题,我们进行了大量讨论。首先有人假定,这些人如果努力提高自己,来年排名会上升到较高档次,如B等。对此假设,我的意见是:很不幸,这一组人的发展努力通常所产生的效果只是让情况比较混乱。例如排在C等的人发展了,上去了,取代B等中排在最后的人,这些新到C等来的人努力工作,又上去了,取代……这是一个永无休止的恶性循环。

在我看来,较好的解决方式是做具体情况下谁都知道正确的事情:给A等员工大量的发展机会,因为他们能给自己及企业带来巨大效益;撤换C等员工,要么让他们在公司内找一个力所能及的岗位,要么请他们在公司外寻求更合适的事业发展机会。

这意味着即决终结(summary termination)吗？非也。这样做意味着凡排在最末档的人都可能被停职,要么转到另一个自己力所能及的工作岗位,要么体体面面地拿着一笔丰

第五章

厚的辞退金离开公司。当离开公司已成定局时,离职的时间可延长,通常不长,但足以保证公司不因员工重要的工作没做完就撒手走人,而使利益受损,也足以保证大多数员工的士气不因看到同事受到无情对待而有受伤感觉。一旦作出辞退决定,人力资源部就应拿出一份诱人的离职方案交给排名在后面的员工定夺。

最后,公司决定增加一套申诉程序。他们决定,如果员工不同意排名会议的排名结果,可以拒绝离职方案。如果在以后的90天里能证明评估者错了,自己应该排在B等,那么最初的C等等级取消,他会与排名在70%档的人享受同等待遇。如果他无法证明排名有误,就会被告知执行停职决定,离职方案不再像第一次排名后的那么优厚。

需要理解的基本内容

向每个直接与刚性排名活动有关系的人,无论是评估者,还是被评估者,进行大力宣传,让他们明白无论是经讨论产生的最后排名,还是个人优缺点、发展需要(包括不同意见),最终他们都会知道。

有关考核对象的全部工作简历、考核对象人数以及最近一两次的业绩考核情况都汇总成册,作为简介发放到每个评估者手中。手册开头是整页的工作经历详情(包括来本公司前的工作)、教育背景、工资级别及工资额、在岗时间、业绩考核概要、技术评定、照片及最近一次梯队建设的结果。每个评估者要接受三个小时的培训,了解本项目的精神、目的、技术手段。例如,写下你所有老板名字的首写字母,这些老板包括高中阶段第一份业余打工的老板,直到现在的老板。从中挑出 A 等和 C 等老板,即最佳和最差的老板。现在用那四个领导能力标准评价这些老板,看哪些标准能让他荣升为 A 等或沦为 C 等?

评估会议前两周,该公司那个新任首席执行官给每位参加排名项目的人分别发出两份电子邮件。第一份发给即将接受排名的人,在此邮件中,他说:"该制度旨在找出排在前 20% 的领导,这些领导的事业发展应该提速;排名在中间 70% 的是公司成功的中坚力量;排在稍后 10% 的人的才华没有得到充分施展,换个地方也许更好。"接着,他写道:

> 本项目将有利于所有参与者。Acme 公司 90% 的经理将排在前两档,所以说,排名过程将证明他们所作出的重要贡献。对那些排名在头 20% 的经理,本项目将重视他们为 Acme 公司带来的智力资产,并加快培养他们。至于排在后 10% 的经理,本项目将允许他们调到适合他们的岗位,公司内、外都行。

第二份电子邮件的主题是"我的期望"。在此邮件中,他向所有评估者坦言:

> 公司未来的领导依赖于那些被排在前 20% 的人,所以在排名时,要仔细、谨慎、挑剔、充分"行使权力"。

第五章

我希望最佳员工能脱颖而出,这样可以为他们创造发展机会,并积极执行雄伟的发展计划。我们还须挑出业绩最差的10%。我将与你一道,努力用此办法将所有员工归到不同档次,并保证这一过程能井然有序地进行下去。

在给评估者的电子邮件中,他用以下几点结尾:

➢ 希望大家继续按指令为排名会议做精心准备,总结自己的思想,同时与即将接受评估的下属交流,听听他们对自己是否达标有何看法,收集他们的意见。

➢ 走出自我,进行思考。参加讨论时,必须要求其他评估者在介绍某个员工时提供明确的最佳例证。

➢ 提问题……直捣痛处。

➢ 至少要有10%的员工排在最后一档,有些时候此数字也许大一些,但绝不少于10%。我已听人说也许会小于……在此,我明确指出,那种情况绝不允许发生。我承认这是一次艰巨的任务,但如果想要提高Acme公司的行政管理水平,就是再难也要完成。

➢ 关于排名在前20%的人的发展计划,这次也在讨论之列。尽管刚性排名制的大厦建造工程正在收尾,但我想要你们知道,我希望你们每个人都能在这一活动中发挥重要作用。前20%员工的发展是一个战略工程,你们将负直接责任。

一种"井然有序的方式"

最初,即将参加排名会议的行政管理人员十分担心那些排在后10%,即C等的下属,因为正是这些行政管理人员及其同事决定,不仅只告知排在后10%的这一残酷事实,或慰藉他们说还有一年的改进时间,更要晓以利害:你有可能被辞退。其实,多数人在会前就已经知道谁会排在C等,还知道这些人是好人,他们中有许多人在做着力所不及的工作(这不是他们的错),而且多年来老老实实,勤勤恳恳,总之,他们不是"表现差的员工"。公司真正表现差的员工在前两年的两次裁员中就已经被裁掉了,他们是没能力让公司在激烈竞争中生存下去的人。

更复杂的情况是,许多潜在的C等员工正在从事一些重要而特殊的项目或肩负重任。经理们担心,这些人在重大项目没完成或接替人员没到位的情况下会被迫过早撤换。不过,我们认为,到项目结束时或接替者具备能力了再告诉他们排名结果,无论从道德上还是操作性上都是不可行的。排名会议结束了,还不让人知道排名结果,这样做是错误的,我们承诺一有结果就据实相告。此外,迫使员工等待消息而产生的焦虑,对士气和生产率都会产生巨大的负面影响。

相反,应该告诉经理,他们首先要有能力找人取代由于排名而被撤职的任何人。当经理找不到人替换因排名低而被除名的员工时,就会对刚性排名制产生极大的抵触情绪。相比之下,如果经理们知道在公司外能立刻找到接替者,那

第五章

么更乐意找出并撤换业绩差的员工。第二，我们要他们制定出员工有序转岗（或公司内无适当职位的话到别的公司就职）计划，并要求该员工及人力资源专家全程参与。

在评估会议上

评估会议要占用近一周时间，每次会议持续 8 个小时。起初我们认为会议可以一天分上、下午两场召开，分两个组讨论，但是会议的紧张程度，加上要考核的人数之多，许多次会议时间都延长了。业绩及潜力的讨论一直不敢有丝毫马虎，所以只得压缩 A 等员工的发展需要及 C 等员工的撤换这两个费工夫的话题讨论时间。

会议的技术手段很简单。每次开会时，将每个接受考核的经理的名字写在一张 24 开贴纸上，按字母顺序贴在墙上的挂表中。在会议室中央，面对评估者的是一张空白图纸，5 英尺高，10 英尺长，用直线将图纸分成 3 部分，"前 20％、中间 70％、后 10％"几个字分别写在 3 个部分的最上部，附加了一张贴纸，上面注明每档需要填写的人数。

草草浏览完会议办法、合理性、基本规则及培训的学习要点后，现在我们来看看有关会议结果的指令："你的工作就是充分讨论每个评估对象，然后把他的名字从按字母排列的名单中取出来，放进相应的 A 档、B 档或 C 档。"

在第一次会议上，经过一两分钟的犹豫和相互推诿后，评估者立刻决定所有名字不按字母排列，而按最初的地位排列，使初排一次性完成。每个老板可走到挂表前，撕掉下属的名字，把它粘在 A 区或 B 区、C 区。

第一次会议上，有 37 人需要排在 A 区、B 区或 C 区。评估者从挂图前坐回自己的位置后，排名并没结束。大家看到 A 区有 13 个名字，B 区有 24 个名字，而 C 区空白。有好几次，我不得不提醒评估人员，正确的结果应是 7 个 A，26 个 B，4 个 C。后来，他们开始讨论。

这组 Acme 公司的副总裁一开始就审议某个被排在头 20％的考核对象。"如果这是我的公司，我会要此人留在我的团队吗？"对这一个显然视为高潜力的 A 等员工，生产部的头头问，然后继续道："我就做第一个恶人吧。他不属于头 20％，他不是 A 等。"

销售部的头头插言道："我的团队要他，要他到 B 组。"

该人的顶头上司在听完几个与会者的高论之后，认为这个长期被认为具备高潜力的员工潜力其实并没想象得高，于是站起来，把他的名字移出 A 区。"但他是 B+"，边说边把纸贴移到该区的另一边。

"哪来的'B+'！"生产部的副总裁回应道，"B 就是 B。"

第一回合的论战爆发了。很快评估队伍将中间档次细分为 B+（指与 A 档刚好擦肩而过的人）、B-（差一点沦为 C 档的人）及 B，大多数人是表现良好的 B 档员工。既然评估会议后与考核对象的对话会因是否与 A 档刚好擦肩而过，或是否差一点沦为 C 档而有所不同，将 B 档分成 3 等的做法是合理的（参看附录 A 中的文件，这些文件指导经理如何与排在 A、B、C 档的员工传达排名结果）。

第五章

所有争论最后都要求按选拔行政管理队伍的 4 项标准进行排名。这 4 项标准是：执行得力、结果意识强、善于与人相处、不畏抉择。但是，在排名过程中其他一些因素相继出现。有人提出，某经理刚入职不久，因时间不长而被划到 B 档。"不对，"另一位排名者说，"我们要看一个人的天赋和才能，这些东西不会因工作刚刚调动而有所改变。"

减少 A 档人数相当难，因为每人都认为这些经理很优秀，但是规则不能改。"瞧，"有人解释道，"我们有一个架子，上面可放 7 个瓶子。无论我们多么努力，无论瓶子多么美丽，架子上也只能放 7 个瓶子！"

同样，增加 C 档人数也相当困难，甚至当考核对象是其团队公认的业绩水平最弱的人，也不会把他轻易排在 C 档。"我不想自找麻烦，不会辞掉一个暂时无可替代的人，"信息技术部门的头头说，"排名低就一定意味着必须解除劳动合同吗？""如果不撤职，刚性排名制不就徒有虚名吗？"首席财务官回答说。接下来的讨论提出了这样一个实际情况，即尽管会辞退一些人，但要将损害降低到最小。这时，有人提出一个问题：有些在提高平庸员工能力上做得出色的部门，与另一些接受平庸员工的部门相比，明显处于不利地位。"但是 C 就是 C，无论他在哪里都是 C。"另一个人说。结果，一个从不严格要求员工的部门，C 档人数最多。

尽管针对某些人的讨论所花时间比其他人多，但每个人都被充分讨论过了。B 档员工通常不出几分钟就能被判定出来。耗时最多的讨论集中在潜力最大、有可能晋升的人身上，因为有人常回过头去推翻前面已通过的意见。

"我还是直截了当地说吧，"在谈到几年来一直被视为人力资源部副总裁最明显的人选时，首席运营官对人力资源副总裁说，"她不属 A 档。她不能接替你的工作。不能搞什么先来后到。她或许是一个能力很强的经理，但绝不是一个好领导。我不是说，她永远不是领导这块料，但要成为领导，需要长时期的摸爬滚打。她需要很放松地开展工作。你已经把她打造成了一个十分能干的专家，但她的发展与你的工作不对路子。"

于是，围绕全企业范围内的有关人才的一些敏感性话题出现了，在会议上，这些话题变得坦率、透明：

"你会把西部地区的工作交给她负责吗？"

"是的，也许会。"

"如果她是一位男性，你会给她这个工作机会吗？"

"嗯……"

"她的思维方式混乱。若她是男性，我们就不会有这种谈话了。她属于不折不扣的 B 等。提拔她对企业不利。""我是不是话说得太重？"

"不。她就应该归在 B 档。"

气氛紧张的刚性排名讨论除让公司优秀人才脱颖而出，挑出绝大多数合格员工，让劣质员工离职外，还促使高管站在更高的平台上看待发展问题，而不只是把目光集中在培训

第五章

项目和大学行政管理培训项目上。人力资源副总裁问："总部设立了现成的岗位用来为绩优者在我们看不见的领域培养发展经验吗？"

运营总裁回答："我们有一两个岗位可用来进行 18 个月一轮的轮换实习。"

"还有一个问题，"另一位与会者说，"我们有一些员工虽然业绩出色，但不愿去任何地方，也不愿挪窝，这些人挡住了人才流动。"

一个妨碍人才流动的名字浮出水面。有个与会者谈起此人的情况，让人觉得此人就是一个明显的 C 档，需要换掉。可是此人的顶头上司仍然坚持把此人归到 A 档，他说："如果把他排在 B 档，对他会是一个沉重打击。"

"那么最好告诉他，他排在 C 档，他得出局。"另一个人回答。

问题解决了。人力资源副总裁表态说："我不认为一个人一辈子呆在同一地方是健康的行为。"我认为，应该告诉此人，他排在 B 等，但企业因为他的岗位太重要不能永久被占有，所以会把他安排到其他岗位上去。

各种结果

最直接的结果是排名任务胜利完成。每组评估者把规定比例的人数放在相应的档次内，不仅如此，对于公司 227 名高管的领导潜能，他们必须真正达成一致意见。排名会议的结果要接受首席执行官及公司内外法律顾问的审核，看结果是否会造成迥然不同的影响。结果,没发现任何问题,排名后的裁员行动也没有引起任何法律纠纷。

至于排在 C 档的人,是否能在公司内为他找到一个合适位置?是否要此人在其他地方寻求发展机会?哪种方法对他最为有利,排名会议对此进行了充分讨论。对有些 C 档人员,显然最好是在企业内为他另找适当工作。但对大多数 C 档员工而言,公司慷慨的离职方案,加上公司保证帮助在外找工作或提供其他帮助,他们更易于接受离职方案。对一些 A 档人员,我们具体讨论了他们的发展计划,但是对另一些 A 档人员,我们决定未来几周要作出发展计划,并认为这些计划的讨论过程需要该员工的积极参与。

这次的刚性排名活动还有一个最出人意料的附带后果,即精疲力竭的经理与行政管理人员在会议结束离开会议室时所发表的议论:我们这是第一次真正看清公司高级人才有多少,知道谁的领导能力最强,谁的最弱。公司年度接班人计划会议从未像刚性排名会议这样深入分析人才、坦诚审视人才。

然而,刚性排名制不能取代其他企业管理办法。让企业全体成员把精力集中于关键目标和能力提高上的有效的业绩考核办法,在刚性排名办法启动之前,便已就位。由于刚性排名制的名声令人敏感且易招人非议,关于修改这一办法使之适宜本企业文化的决定一开始就被提出来了。不过,刚性排名办法需要严格管理,因为这一办法始终存在着歪曲规则的倾向。但是正如 Acme 服务公司所表现的那样,如果某

第五章

公司想要启动真正的领导能力培训项目,并迅速让企业强大起来,刚性排名制不失为最佳工具。

刚性排名制与小公司

我肯定,本章给你的印象是刚性排名制是《财富》500强那样的大企业们及类似大型企业才用的办法。前面,我已介绍过一些培训项目,及如何利用外聘主持者组织排名会议的方法,还谈到 Acme 公司如何整理简介手册,如何让那些不了解排名对象的排名者参加排名讨论,同时也谈到一个几千名员工的公司给227名高管排名的方法。不过,若小型公司使用刚性排名制,以上这些活动是必要进行的吗?

没必要。前不久的某个周一上午,我接到一个约有130名员工的地方企业人力资源部经理的电话,姑且称该企业为 TechCorp 公司吧。她告诉我,两年来,总裁一直在督促公司的副总裁们对业绩标准严格把关,采取实际行动裁减不合格员工。这次,首席财务官终于决定解雇会计部经理,用一个能力更强的人代替他。这一事件促使总裁决定对公司进行更深入的清理工作,要求人力资源部经理制定并执行一套刚性排名制,找出并解聘公司员工中最差的10%。她通过公司就业律师知道我在这一领域有一定建树,于是打来电话求助。

第二天,我与她进行了一次简短的面谈,向她介绍了刚性排名制的基本概念,对总裁的愿望有了更多的了解,于是建议她把我们的谈话内容传达给总裁:"问他是否愿意与我面谈,我们可以谈我参与设计这一制度的可能性有多大,看看刚性排名制是否能遂他心愿,谈谈如何解雇员工而不引起不满,在法律上应该如何采取自卫措施。"

那番谈话是在周二。周三她回了个电话,问我是否能够周四 13:00 与她及总裁见面。我说我会早一点过来,这样她与我就可以拟定一个与总裁见面的谈话计划。

可是当总裁与我坐下来交谈时,那份谈话计划早已飞到九霄云外去了。他完全知道自己想要什么。他说已经通知自己的 5 个副总裁 13:30 在我们交谈的这间会议室开会(现在是 13:05)。他说他希望我能告诉他的副总裁如何用刚性排名制认定排在后 10% 的人,这样他们就可以终止与这些人的劳动用工关系。他要人力资源部经理制作一份全公司员工名单,第二天发放给副总裁。他说,他的副总裁要在 14:30 参加一个电话会议,所以我只有一个小时的时间给他们讲讲刚性排名制如何开展。

在公司 5 位副总裁进来前的 25 分钟内,我们俩已经苦心构思出他们公司刚性排名制的细节内容:

1. 刚性排名制不只是确定并辞退 TechCorp 公司业绩最差的 10% 的员工,还是确定人才的工具,是区分优秀员工及最不合格员工的手段。
2. 使用前 20、中 70、后 10 的排名办法。
3. 把全体员工分在两份不同的名单中:一份是免责员工(约 100 人,主要是工程师)名单,另一份是接受排名

第五章

的员工(约30人,主要是秘书和行政管理助理)名单。每位副总裁都应独立对两组人员进行排名。

4. 对每一组员工,每位副总裁都要在全部名单的基础上按前20、中间70、后10的排名法对所有人,包括他自己的直接下属及其他副总裁的下属进行排名。要在周末做完。周一上午,大家聚在一起,对比名单上的排名,排除所有不一致的评分,拿出一个最终的前20、中间70、后10的排名分布表给总裁过目。

5. 周一下午,副总裁、总裁及人力资源部经理开会,讨论他们的排名建议,对排名名单进行最后调整。

6. 排在后10%的人会被公司停职。但考虑到每个人目前正从事的项目,及每个人在TechCorp工作时间的长短,为把对企业的损失降低到最小,为每名即将停职的员工拟定一个具体的离职计划。

7. 为每个即将停职的人量身定做一套优厚的离职方案。

8. 人力资源部经理与副总裁一起为排在前20%的员工制订发展计划和留用计划。

9. 刚性排名制的使用将被视为"公司机密",不得向员工透露。

10. 我为他们撰写文字材料,教他们如何建议排名在最末档的员工离开公司,怎样开展辞退工作。

13:30,副总裁们陆续走进来。很快我们把我随身带来与总裁一起研究的文字材料复印出来,分发给他们。我谈了刚性排名制的理由，解释了其基本原则（5位副总裁中有2位曾在大公司就职过，参加过刚性排名过程，其他3位通过阅读商务资料对刚性排名制也十分熟悉）。

我们确定了排名标准。我画了2张图，见第四章（参见图4-1和图4-2），并把表挂在会议室的白色讲板上。我建议，除以目前业绩和可预见的潜力为基础进行决策外，他们还应该考虑2个额外因素：执行的有效性和理智的力量。我们把技术手段和时间表又审查了一番，还谈到如何作出好的排名决定。14:30，所有任务完成。刚性排名制设计成功。他们离开会议室，我驱车回办公室。

第二周周二，人力资源部经理打来电话：情况进展顺利，副总裁们毫不费力地达成了一致的排名意见，总裁也同意他们的推荐意见，所有人现在都十分清楚谁是排在前20%的优秀员工。那些教我们如何向各类考核对象传达结果的文字材料，正是我们需要的！TechCorp公司的刚性排名绝对是一个胜利。

有关刚性排名制的一切宣传完全集中在美国家喻户晓的大公司身上，因此给人的印象就是，这是一项适合大型企业的技术。如果有条件，设计和执行刚性排名制通常需要许多人经过数个星期，甚至数月的努力才能完成的企业大变革，这一点可从Acme服务公司可以看出。但事实上也不必全像那样，特别是小型公司不必那样。对任何员工人数在100名左右或100名以上的公司，刚性排名制都可以成为合

第五章

适的人才管理办法：它见效快，在相当短的时间内就能完成（这一点 TechCorp 公司的领导可以证明）。

在第六章，我们将讨论一种叫刚性分类的技巧，这一技巧常与刚性排名制相混淆。我将解释刚性分类怎样不同于刚性排名制，以及如何有效地利用刚性分类。

第六章　刚性分类

凡是贡献最多、潜力最大的人,承担的工作份额也常超标,所以应该得到更丰厚的奖励,这一点很少有人质疑。同样,应该鼓励贡献最小的人多做贡献,或到适合自己能力和水平的企业另谋职业,这一点同样无人提出异议。管理大师彼得·德鲁克(Peter Drucker)说:"行政管理人员认为企业及自己的同事不应当容忍业绩差的人受到重用。或许,业绩差不是员工的错,但业绩不行,就得被裁掉。"[1]

问题是,你怎么知道谁属于哪一类?如果常规性业绩考核制度的实际用处与其预计目标吻合,那么就不需要更严格的办法。大部分考核制度要求经理找出杰出员工、中坚力量及该裁掉的人员,但正如我们看到的一样,太多的经理宁愿掩盖事实,夸大评分,而不愿面对艰难的谈话,而严格的业绩评估办法常要求经理将评估结果直截了当地告诉下属。

前面已经谈到,如果经理的要求太宽松,对业绩要求过

第六章

低,那么常用的业绩考核办法就不可能成功。今天,为增加业绩考核评估会议的活力及可信度,许多企业使用了一种名为刚性分类的技术,规定业绩考核要有最高等级和最低等级,以突出差异性。

人们谈论业绩管理时常产生一个误解,认为刚性排名与刚性分类是一码事。尽管企业多数员工熟悉刚性排名这一词汇,却用这一词汇指两个截然不同的办法。有时,嘴上谈论的是刚性排名,实际指的却是要求经理按业绩、潜力、可提升性将员工分到不同预定种类的办法。有时,用的是刚性分类这个词,指的却是公司业绩评估的一项要求,即只允许一定百分比的员工得高分,同时还要保证一定数量的人分到最低业绩等级。甚至有些时候,指的都是风马牛不相及的事情。

对上述牛头不对马面的现象,我有过亲身经历。本月不久前的某一天,两家大型企业请我用一天时间给他们的高管队伍作有关刚性排名的主题报告。我的任务,按我自己的理解(我与客户提前做过几次电话交谈,他们似乎很清楚地向我传达了当天该讲的内容),是讲述本书主要内容——刚性排名制的使用。因为几次交谈下来,我要做的显然就是介绍太阳、百事和通用这样的公司如何使用刚性排名制,并分析这一办法的利与弊,然后与他们的人力资源经理进行小规模的面谈,一起探讨他们的刚性排名办法,以便对这一办法进行改进。

这是我想的。可当我到达现场,在我看来,在请我来的高管们看来,在我的听众,及公司行政管理人员看来,结果都对当天谈论的话题极其糊涂,甚至存在误解。第一家企业是个娱乐公司,它的目的是要改进自己的业绩考核办法,为此,该企业正在考虑给经理适当的指导,指导内容在公司高管看来是考核等级适当分类的问题。第二家企业是一个大型的电信公司,几年来公司第一次有了些额外的钱可用来发放奖金,所以正在考虑用图腾柱式的刚性排名方式解决谁应该拿奖金、奖金如何分配等问题。

于是我一开始在两家企业,就指出我与他们同样使用刚性排名一词,而所指内容不同,在经历短时间的这种尴尬后,其余时间的交流效率非常高,两家企业的所有目标都达到了。

刚性排名和刚性分类是两种完全不同的办法。在本章中,我们将讨论考核等级的刚性分类,探讨如何在传统的业绩考核制度中引入这一技术,并有效使用这一技术。

什么是刚性分类?

刚性分类是一种措施,它将业绩考核制度的各项规则与业绩考核等级分类的要求或规定紧密联系在一起。图 6-1 可用来突出说明这两个企业常用办法之间最大的不同在什么地方。

第六章

图 6-1 刚性分类与刚性排名

刚性分类

- 刚性分类是企业业绩考核政策措施的一个组成部分。
- 要求评估者遵守规定的业绩考核等级分类方案,目的是保证等级的差异性。
- 等级分类是一个要求("刚性的")或建议("指导性的")。
- 重在绝对比较:要求经理评估员工达标情况。
- 刚性分类是个人与标准的评估。
- 许多企业,无论是公有的还是私有的,都使用刚性分类制度。
- 分类要求举例:

杰出	最多 10%
优秀	20%—30%
良好	50%—60%
有待改进	10%—15%
不令人满意	最少 5%

刚性排名

- 刚性排名是一种管理办法,典型情况下独立于企业业绩考核制度,有时是对业绩考核制的补充。
- 评估标准常常有别于业绩考核的标准。
- 考核重业绩(过去)和潜力(将来)。
- 刚性排名制几乎千篇一律地用于私人企业。
- 重在相对比较:要求经理对员工业绩进行相互比较,看谁做得最好。
- 刚性排名制是人与人的评估。
- 通用公司是该办法最著名的支持者。还有许多公司在使用这一技术,其中有大型公司也有小型公司。
- 排名办法举例:前 20%、中 70%、后 10%,或者 1/4 分法,或者前 10、后 10 分法。

刚性分类的操作方法

假定有这么一家公司,它使用5个层次的评分等级:杰出、优秀、成功、有待改进、不令人满意,然而每年几乎所有员工都排在前两等,这令管理方十分不悦。于是他们采取政策限制得高分的人数,要求有一定数量的人分到较低等级。该公司的刚性分类办法可参见图6-2。

图6-2 刚性分类方案

杰出	5%
优秀	20%
成功	50%
有待改进	20%
不令人满意	5%

如果这项新政策能够严格执行,可保证业绩考核等级的差异性。但是如果用图6-2列出的刚性分类方案时,两大问题很快就会出现。第一个问题是,百分比规定不灵活,结果业绩差团队的经理须把其下属的5%放到杰出档,另外20%放入优秀档,而实际情况是他们连良好档都够不上。同样,全明星团队的经理评分时不能把自己的杰出员工队伍全放在最高等级。每一团队有一半人,无论其相对还是绝对业绩如何,都将归到良好档。

上述刚性分类办法的第二个问题是,它完全呈喇叭形。无论企业员工实际业绩多好,在这一例子中,经理都要按计

第六章

划对业绩等级进行分类，以适应高斯统计模型。不过，纯粹的喇叭形曲线在描述业绩分类时几乎永远不可能非常精确。要想使喇叭形高斯曲线精确合理，必须满足两个条件。首先，评估对象的数量必须充足。虽说公司整体而言有足够人数支撑喇叭形曲线所需的数量要求，但单个部门往往由4人、8人或12人组成，其人数满足不了喇叭形曲线的要求。

除有一支人数较多的考核对象队伍外，更重要的是，考核对象各种层次都需要有，可随意分类，才能使喇叭形曲线合理。然而，企业员工绝非随意分类的结果。企业招工从来不是随意的行为，不会每14个求职者中取一人。相反，公司仔细筛选求职队伍，从中挑选最有潜力的求职者。公司也不随意提拔员工，也不像选彩票那样选人去深造，也不会按字母顺序挑选人才。相反，他们会提拔最优秀的人才。几乎每家公司都提供培训项目，开展经验交流，以在全企业范围内提高人才素质和业绩，因此更进一步地加大了员工的差异性。尽管有人会不满（这一点前面已详细讨论过），埋怨企业动作太慢、太迟，企业仍然会铲除并辞退业绩排名不令人满意的员工。

因此，纯粹的喇叭形曲线几乎从来不是业绩考核使用的评分分类模式。业绩考核评分分类必须考虑这样一个事实、该曲线总会有一定的倾斜。适当的正态倾斜，是企业努力提高员工素质的结果。

较好的做法是允许评分分类有一定程度的灵活性，允许评分呈正态倾斜,以证明企业成员的业绩考核并非随意的结果。多加思考会发现,这家企业由于重视业绩考核结果的差异性,对等级分类方案的初稿进行了改进,拿出了更能准确反映业绩现实的方案(见图 6-3)。

图 6-3 修改后的刚性分类方案

杰出	最多 5%
优秀	20%—30%
良好	50%—60%
有待改进	10%—15%
不令人满意	2%—5%

现在,修改后的分类方案不再要求无论团队业绩如何,5%的员工须排在杰出档,而是允许经理在这一档中至多选5%的员工,但这并不是说任何人都要归到杰出级。在天平的另一端,这一要求也被调整,要求 2%—5%的员工排在令人不满意的等级。此外,仍然需要有一些人排在令人不满意的等级,但要求的人数大大降低了。

在最初的方案中,中间 3 个等级的业绩考核等级有严格而固定的百分比要求,现在则各规定了一定的范围。这样做,将增大该办法的灵活性,让业绩特别好或特别差的部门经理通过给每名下属分类的方式,反映本团队的真实情况。最后,公司调整苛刻的喇叭形曲线要求,允许把两倍于有待改进等级的员工的评分等级抬高一级,让他们的等级比中坚

第六章

力量档高一级，允许优秀档的员工人数的一半排名比中坚力量档低一级。换言之，20％—30％的员工可排在优秀等级，而只有10％—15％的员工可能被排在有待改进等级。

但仍有一些重要问题需要解答：

> 这种分类方案只是种假设，它适合企业的实际需要吗？

> 这个分类办法能在多大程度上满足上面提到过的绩优团队经理及绩差团队经理的需要？我们知道其中一个经理背负着一帮推卸责任、无病呻吟的员工，而另一个经理则拥有大量冠军级人物。

> 这个分类办法在人数少的企业应该怎样用？例如，如果某部门只有3人，这意味着无人可以被评为杰出吗？

> 应该只是提出分类百分比（如果经理们能提出有说服力的论点，就允许他们在一定范围内灵活变化），还是所有分类要求都必须绝对满足？

> 如果有可能的话，应该什么时候允许有例外？若某经理能通过严格的营业额考核，证明他所在团队的业绩在企业里最出色，应该允许他的员工在高级档次占更大的比例吗？如果另一经理的团队业绩平平，应该禁止他把员工排在杰出或优秀档吗？

> 如何调节不同经理的不同标准和期望值？在一个部门里，经理可以用98％的顾客满意度作为将员工排在

有待改进档的理由,而在另一部门,同样是98%的顾客满意分数,经理也许可用来为员工争得优秀档。

▶ 谁来监督这一办法以保证该办法能照章执行?是高管吗?是人力资源部吗?如果有令不行的事件乘监管疏忽之际一溜而过了怎么办?

▶ 对不照章办事的经理(或整个部门),应该怎么办?他们需要收回自己的评估,给出一个不同的等级吗(某些软弱的经理向其下属诉苦说什么"我真的想给你打优秀,但人力资源部非让我把你降到良好",这是一种打击士气、踢皮球式转嫁责任的做法)?若经理已经与员工谈过业绩考核结果,那么当通知考核结果无效时,会出现什么情况?他还愿意回头再进行一次评分吗?

充分了解刚性分类

公司在业绩考核等级中采纳某种刚性分类的规定,无论是硬性要求,还是较宽松的"指导办法",最普遍的原因是,他们的奖励制度依据的是按业绩取酬的哲学,把业绩考核等级作为奖金分配增减的基础。当业绩考核等级用来确定某人奖金增长幅度时,经理们就会感到压力很大,会尽量抬高员工等级,尽量让更多的钱流入团队每一人的口袋。高管们和奖惩方面的专家希望经理给下属的等级能显示出巨大的差异性,充分反映员工业绩,然而经理们照例发现,如果在正式表格上不反映业绩情况,事后选一个非正式场合把他的失误

第六章

处理掉，自己背上的压力会轻得多。

在业绩考核制度中增加刚性分类要求，可解决等级掺水的老大难问题，当然也可能带来一些不好的副作用。要求经理进行刚性分类，能揪出更多业绩不合格者。为人力资源管理协会（SHRM）写刚性排名法律报告的两位执笔者卡米勒·奥尔森和格雷戈里·戴维斯说："这样做，风险有两个：一是形成武断的看法，二是挫伤对此制度不买账的经理和员工的士气。"为此，他们提出以下建议：

> 刚性分类制可以只为最高等级设个百分比，从而减少排名较低员工的敌意，但要掌握好尺度，这个度以企业能真正更好地奖励顶级员工为原则。可以建立较灵活的百分比目标，不必要求经理非达到某固定百分比不可。这样，假以时日，就可迫使经理挑出更多的绩差员工。[2]

不久，对经理照章对业绩考核等级进行分类可解决等级虚假现象说法，有人发表文章予以否定，阿尔费·科恩（Alfie Kohn）就是其中之一。科恩憎恨任何以奖励为目的的考核办法，坚决反对公司、教育部门存在的竞争，他的观点是：

> 在工作场所分配奖金，任何完成规定标准的人都应该有份，而非你有我就没有。同样，教师在课堂上按喇叭形曲线给学生打分是不道德的行为，因为该曲线大大限制了高分人数，结果教师的评分只符合分类要求——

专断而固定(很少有学生得分十分糟糕,同样得分高的也很少,多数在中间)。刚性分类要求使具备可比性的业绩之间的差异毫无意义,致使排在最高档的学生只有寥寥数人。更为严重的是,这种做法让学生们相互成仇,从而创造出一个敌意的环境,破坏了可创造高质量学习合作的可能。[3]

科恩纵然热诚可嘉,可论据似乎有误,因为业绩的差异并非毫无意义。我们早就知道,优等生与差生、优等员工与劣等员工之间(更不用说良好与优异之间的差别了)的差异很大,因此绝对应该找出业绩杰出的员工并竭力挽留他们。事实上,科恩经历的"敌意和破坏气氛"十分鲜见。如果存在这样一种气氛,那就要归咎于比年度业绩考核制度所需的分类办法更恶劣的因素。

至于提供分类指导办法的做法是否正确,著名作家和研究者埃德·劳勒发出了更理智的声音:"我认为,刚性分类办法是一种解决领导者严重失误的官僚做法,这种分类办法无视某些团队缺少劣质员工,而某些团队缺少优秀员工的事实,迫使经理否认考核过程,推诿说'我只是在照章办事'。"[4]

当然,劳勒说得对。有些团队就没有一个人是孬种,而有些团队连一个拿得出手的员工都没有,但这些仅是特例。大部分情况下,多数团体既有先进分子,也总有拖后腿的人,不过多数人都达到了规定的期望要求。解决等级虚报现象的最好办法是,企业高管严格地对考核结果及等级进行铁面

第六章

无私的审核,将有虚报嫌疑的等级打回去重做。不过,即使如此,软弱的经理也会跟下属说出这番话:"我把你放在优秀档,后来大老板把你踢回去了。"

刚性分类可以在业绩考核制中发挥一定作用,在挑选绩优员工多于绩差员工的部门时,这方面的作用尤其突出。刚性分类为拥有业绩超群部门的经理们提供了一个技术方法,让他们充分展示自己真正的最佳业绩。刚性分类还使企业评估时免于百分比的限制。

什么是适当的分类办法?

为提出分类的要求,我在前面列举了一系列需解决的问题。下面,是一些建议,可用于确定公司业绩考核制度是否有分类要求,如何发挥刚性分类的作用。

什么样的分类是适当分类?要广泛征求意见。什么样的分类适当?这是一个须广泛讨论的问题,参加者应该把员工包括进来,让他们随意发言。我发现绝大部分员工认为同事之间在业绩上存在极大差异,还认为业绩考核应该为他们的上司提供对考核等级分类的指导办法。

最近,我与某大型金融服务公司共同创建了一个新的业绩考核办法。在此过程中,我曾在十多次员工会议上做主题陈述,与会者人数每批达数百人,这些会议的目的就是把这个新制度介绍给他们。每一次会上,我在花几分钟时间与他们谈论业绩的差异后,要求他们分成小组,并迅速回答两个问题:第一,公司应为考核等级分类提供一套指导办法,还是应该让每位经理自行决定本部门成员的等级分类?第二,如果他们觉得有必要提供指导办法,那么这些指导办法应该是什么?

总共 36 名由非管理人员组成的小组参加了这些非正式的小组讨论,绝大多数小组拿出了同一答案。是的,应该提供指导方针,这些指导方针应该呈一种喇叭形分布。

通过讨论指导方针的目的,通过让员工们了解这些指导方针的内容实质,企业全体人员更加认同并愿意接受刚性分类办法。

提供办法指导,但不提出硬性要求。在分类预期中,允许一定程度的灵活性。我公司开发出了一种网络业绩管理制度——格罗特方法(GroteApproach)。用这一方法,客户们能够确定自己是否想要进行等级分类,怎样进行分类。[5] 对此,我们提出了建议办法,参见表 6-1。

表 6-1 格罗特建议分类方法

总体业绩水平	每类员工的百分比
杰出	10%
优秀	约 20%—30%
成功	约 60% 以上
有待改进	约 10%—15%
不令人满意	5% 以下

这套办法规定,杰出档和优秀档的人数是需要改进,并

第六章

应当是不满意档的两倍,每一等级都提供了一个范围,而非固定要求。这套办法还规定了一个合理的正常分类,但具有适当的正态倾斜。最后,正如标题所言,分类不是硬性的要求,只代表每一区域内"可能的员工百分比"。

允许经理的做法与指导方针有所不同,但他们不得轻易背离指导方针。烂摊子部门的经理很少抱怨表6-1的分类方法,也不认为该方法强迫他们给太多绩差下属较高的业绩考核等级。他们不会。但是其他经理完全可能说,这种方法使自己不能给个个是人才的团队队员全部排在最高等级。那么,经理们应该用什么办法找出并奖励,比如1/3的排在杰出类的,2/3的排在优秀类的下属?

回答当然是通过考核他们已有的成果。任何企业都有优秀部门,这些部门一般都有一位杰出的领导,他把一支真正杰出的队伍团结起来,鼓励优秀,不甘平庸,对不符合其高要求的员工予以清除,表现出所有领导能力教材书上所提到过的能力。结果,这支全明星队伍得到企业上下所有人的承认——他们很杰出。所以,当这支队伍的领导提出另增杰出档和优秀档的名额时,就要满足其要求。

但是,有可能这支队伍的领导并不提这种要求,因为这样的经理可能是对下属要求特别严格,标准特别高的经理,他或许认为表6-1提出的分类办法正合他意呢。在本书一开始,我就说过,业绩与业绩考核等级之间似乎存在一种相反的联系:业绩最差的经理似乎评分最高。其实应当给这些

刚性分类

经理分配紧迫任务,直到他们能立刻行动起来。他们的脊梁需要用钢板支撑,而只有一套切实可行的指导办法才能让他们的腰杆子挺拔起来。

为每次业绩考核等级规定范围的做法给了经理们一定的灵活度。经理们在超出范围前,要先得到企业头头及人力资源部的正式授权。刚性分类办法也可解决一些特例,如某经理下属极少,但个个才华出众,那么标准的指导办法不适合他们。最明显的例子就是一个小型公司或一座小城的立法部,通常他们只有3名律师,且人人工作出色。

刚性分类办法若能帮助业绩考核制度成功开展,还有一些重要问题要解决,如谁监督这一办法,如果经理们不理会分类要求怎么办……这些问题不能通过规则和指导方针加以解决,只能通过建立一种可信的文化来回答。有关这一点,在最后一章讨论。

第七章　为业绩管理提供真相

正式使用刚性排名制的企业几乎都有一个共同特点，即还拥有另一套业绩考核制度。业绩考核是公认的年度重要活动，一旦方法适当，便有助于团队每个成员了解自己对企业成功到底做了多大贡献。一个卓然有效的业绩考核制度教导企业所有成员：能力是企业成功的关键，也是个人成功的关键。业绩考核制度可确定企业关键岗位的职责，可为上司提供准确评价下属业绩质量的标准和手段，还鼓励企业制定可完成的重大目标，并能确定这些目标可能产生的结果。

其实，如果经理们都能认真履行职责，企业业绩考核就会成绩斐然。但是，假如这一办法被用在年初的计划工作及年终的评估工作中，假如经理们向员工反馈时一致做到准确、真诚、坦白，假如业绩考核等级被用做奖励、晋升、辞退等人事决定的依据，假如被考核者与考核者一样积极参与这一活动，那么对刚性排名制的需求便会大大地降低。

第七章

不过，很少有公司的业绩考核制度真正卓有成效，甚至更少有公司能用这些制度将公司利益最大化。本章将探讨一个有效的业绩考核制度由什么组成，同时解释业绩考核制度与刚性排名制的相互关系。

业绩考核制度与刚性排名制

业绩考核制度与刚性排名制之间的主要区别是，业绩考核一般影响到公司的每个人，无人能免于年度业绩考核，而刚性排名制通常只针对企业上层。尽管公司每一位成员都有必要知道公司对自己有什么期望，制定了哪些可行的目标，但将人才按 A、B、C 分类的办法，最好用于那些对企业整体成功产生重大影响的人。换言之，企业成员只有担任了企业高管才享有进行刚性排名的权力。

两套办法之间的另一区别是，业绩考核重在过去，而刚性排名的重点基本上着眼于未来；业绩考核是评价一个人在过去 12 月里的业绩情况，而刚性排名则是审议此人在今后两三年里在领导企业走向未来的过程中潜力有多大。

在多数使用刚性排名办法的公司里，排名会议与公司业绩考核会议分别召开。业绩考核数据为刚性排名决定提供了最重要的参考依据，不过刚性排名的重点是比较个人之间的情况，预测该人在未来几年贡献的大小。一般情况下，刚性排名会议时间与业绩考核时间相距较远，与业绩考核日程无关。

评估结果审议程序或等级调整程序

在保证公正评估、确保有一个公平的业绩评估平台过程中,最难、最不易驾驭的问题是,每个经理所用标准各不相同。学生时代,我们就知道要得到琼斯教授的B,比得到史密斯教授的A要难许多。到了企业中,发现类似情况同样不能幸免。某位经理眼中很出色的工作,到了另一经理眼里则变得十分寻常。所以,业绩考核结束时,第一个老板的手下得分高于第二个老板的手下(奖金也增加了),虽然他们的工作实际上比后者要逊色一些。

这种情况肯定会削弱员工士气,为此,越来越多的公司启用一些技术手段作为对业绩考核制度的补充,如"评估结果审议"、"相互打分"、"无差异标准"等,目的是保证不同评估者在评估下属业绩时使用相同标准。

这个程序的操作很直接。首先,经理对下属进行业绩考核,给他们每人定一个考核等级。然后,管理的下属从事的工作相类似的经理们开会,对名次进行调整。会上,他们把每位下属的名字与提议的等级贴在一起,让其他与会者审议。接下来,与会者对每个考核对象的提议等级进行讨论,重点是每个考核对象的等级是怎么得到的。在这种会议上,经理们相互交流信息,共同努力,运用相同尺寸衡量员工业绩。也许,他们会把考核对象的名字往前排或往后移,对提议等级进行调整,以保证等级的准确性、一贯性及评估的可靠性。当所有考核对象的业绩等级一致通过时,经理们才开

第七章

始准备给出最终的业绩考核成绩。

把名次调整程序纳入企业整体业绩考核制度的好处十分明显：

> **这个程序保证了一个公平的游戏平台。** 这是最大的益处。评估者们聚在一起公开讨论他们对下属业绩的评估，这样做可保证对同工种员工的业绩考核标准始终一致。

> **减少评估错误。** 尽管评估者为保证公平性和一致性作出了巨大努力，但许多司空见惯的"评估失误"仍有可能在疏于防范的情况下，悄悄溜入业绩考核中。这些评估失误包括正态倾斜或负态倾斜（与其同行给下属的等级相比，某位老板对下属的评估要么一向过高，要么一向过低）、最新效应（只考虑最近几周或几个月的事情）、与我相同效应（往往会给与自己相似的人更高等级）、成见效应或不和效应（个人业绩考核中某个方面特别好或特别糟糕都可能使评估者戴上有色眼镜）、仁慈效应（老板不问员工实际业绩如何，给员工一律打高分）……评估结果审议程序有助于减少此类失误，使业绩考核更准确。

> **大大提高了经理们认真对待业绩管理的可能性。** 假如经理在向下属公布自己的评分之前，必须向同行通报并与之讨论，那么他们会加倍小心地对评分等级进行反复修订。

➢ **有了评估结果审核会议这道程序，经理们给业绩考核对象的分数往往低于以前所设想的分数**。试想，某经理起初考虑给爱伦的评分是优。在等级调整过程中，经理意识到，与其他老板手下的其他同工种员工相比，艾伦的表现实际上最多只能算中等。于是，经理进行适当调整，降低艾伦的等级。事后，当他向失望的艾伦传达业绩考核讨论结果时，最好能够向她解释为什么给她的等级是正确的，还可告诉她这一结果是经他与其他同行经理商量之后决定的。

➢ **如果考核结果遭到质疑，按等级打分可作为自我辩护的论据**。员工业绩考核等级不仅由顶头上司决定，上司给员工的等级还要拿到考核等级会议上接受审核。在此类会议上，同行业的经理们一起讨论每名员工的考核等级，减少第三方发现评分有误的可能性。

➢ **等级调整程序提高了评估者的管理技术**。参加等级调整会议，要求每位与会者认真考虑每个员工的业绩表现，需要举出具体实例，证明其业绩，这样做既是对自己的直接下属负责，也是对其他经理的下属负责。

➢ **等级调整程序为企业提供了有用的信息，可证明经理是否有能力找到人才、保护人才**。

不过，正式使用等级调整程序的公司业绩考核办法明显有一些不利之处，令人担心：

第七章

> 一些经理也许不愿在其他经理面前为其业绩考核等级进行辩护。在性格懦弱缺少领导技巧的经理身上，这一点尤为突出。在与会者中，可能有一种相当强的焦虑情绪，特别是第一次参加此类会议的经理。如果企业真正关心管理人员技术的提高，只需看一看参会情况，就可为评价每个人的管理技术提供有价值的参考数据。

> 员工也许感觉自己的隐私权被贱价出卖了。这涉及法律问题。在一份某大型运输公司就这一办法通告全体员工的常见问题文件（即 FAQ 文件）中，对这一问题的回答十分直接："所有评估结果审议会议的与会者都是（公司）管理队伍的一员，不许同一级别的管理人员参加考核结果审议会议。或许与会者不是你的直接领导，但他们大多熟悉你的工作和你的工作业绩。他们会向你的顶头上司提出一些问题，以确定他在评价你的表现及给你的业绩评分时是否参照相应的标准。他们还会增补一些看法，帮助你的上司在给你评分时能作出最正确的决定。"总之，从法律角度，员工需要知道自己的利益是否受到保护。

> 善于狡辩的评估者会对会议决定施加影响。一个技术高明的会议主持人有可能打消你这方面的顾虑。"善于狡辩的评估者"是哪些人，通常开会前就众人皆知，所以会议主持者会特别留心他们的举动，因为考核的是他们下属的业绩，不是他们的语言技能。

➢ 经理们会责怪这一程序迫使他们对下属打较低的分数。这一问题主要出现在意志薄弱的经理身上,这些经理对冲突过于恐惧。尽管企业不能左右经理对其下属的谈话,但能将高管们的期望明确地传达给这些经理,如果必要,给他们发一份指导性文件。

➢ 这一过程可能花费较大且十分耗时。经理们要在参加等级调整会议前接受一些培训(哪怕是预先读一些有关材料也不错,然后接受几分钟的会前指示)。届时,需要有一个主持人在场。会议本身很花时间。

等级调整会议的操作方式

企业启动评估结果审核办法或调整等级办法的第一步是明确解释活动内容及原因。为此,需要向每个参与业绩评估过程的人传递这样一个基本信息,即建立一个公正的游戏平台很重要。最好在业绩考核时印刷一份常见问题清单,并回答所有问题,更重要的是,把所有要点都提出来。

一般情况下,要求经理为其下属准备业绩考核材料时,就当没有这套新程序一样。然而,在老板审议通过考核材料之前(当然也是与员工交底之前),评估者按时间表安排应参加的等级调整会议。

等级调整会议只在2—3个评估者审议12人的评分结果时才有效,然而超过这一数字,就会出现两个问题:第一,考核对象太多,以至于无法给每个人足够的重视。第二,太多的"等级调整者"得不到考核对象的全面信息,所以无法提出

第七章

有价值的意见。依据考核对象的人数,时间最好安排约 2—3 小时,经理 4—6 位,每位平均审议 4—6 个下属最为理想。

应该要求与会者随身携带已完成的业绩评估草案以及自认为必须的辅助信息。一旦人都到齐了,会议主持者重申基本规则,回答有关会议流程方面的问题。公司人力资源专家可能是评估结果审核会议的最佳主持者。与刚性排名会议不同,在等级调整会议里,内部产生的主持者能轻松地完成使命,而刚性排名会议由于其讨论内容的特殊性及与会者的层次,最好采取外聘主持人的方法,当然公司人力资源部专家也有能力回答与会者提出的有关公司业绩考核制度或与奖励及其他制度相关的问题。

主持人向与会者发出的指令须简明扼要,如把张贴好的名字迅速解释一遍,然后通过核对人名或提议等级的方式启动会议。每个与会者都将向其他与会者解释某个提议等级的理由,而其他与会者的任务就是提问题,增加信息,形成自己的看法,确保用相同标准对每个人的业绩考核评分。告诉与会人员讨论评分等级的最有效方式是主动要求提出实例,证明考核对象的业绩是否真正有效。

会议基本规则如下:

> 当某人接受评估时,所有与该人有过直接工作接触的与会者要积极发言,用实例证明经理给他的等级的准确性,或用实例对其等级表示怀疑。

> 当某人接受考核时,所有与该人没有直接工作接触的

> 与会者要参与讨论发言,倾听别人的问题,回答别人提出的问题,以保证不同经理用同一标准给不同员工评分。

> 与会者在确定具体业绩考核等级准确与否时,只讨论考核阶段的业绩,包括考核对象的各种能力、主要工作职责及业绩考核表上的其他评估项目。其他问题,如长期潜力、独特技术、以前的成或败、工作重要程度等与具体业绩无直接关系的因素,不予考虑。

> 适当的时候,与会者将就考核对象的独有优势、需改进之处及发展建议,谈出自己的看法。然而,这些因素在确定业绩考核等级时不予考虑。

> 所有与会者都不得泄露会议内容,不得泄露任何针对考核对象业绩情况所做的任何发言。

等级调整的标准

多数情况下,等级调整会议使用的标准就是业绩考核表上的各种评估项目。经理们会前就已经使用过同一种业绩考核表,对做同一种工作或做有可比性工作的员工进行了认真评分。在等级讨论过程中,他们的中心任务是保证 A 对下属的业绩打分与 B、C、D 给自己下属的打分标准相同。

要为经理提供帮助,可以指导他们确定自己使用的标准与别人无异,即自己给所有人的评分都遵循了同一标准。某大型西海岸食品生产公司的行政管理人员提出了一套标准

第七章

（参见"等级调整的参考因素"）用于等级调整会议,以保证所有与会人员考察考核对象业绩时标准一致。

该公司等级调整参考因素表上的第三项是合作,这一项也是一条有效的途径,可最大限度地减少常常出现的担心,即相对评估程序,无论是正式的刚性排名会议、刚性业绩考核分类,还是等级调整会议,都鼓励积极竞争的环境。如果评估项目有是否"与他人合作并尊重他人",是否把客户与企业需要看得重于自己的日程安排和目标,这一办法就有可能建立起一个真正合作型的企业。

等级调整会议的各种技术方法

建议会议主持者在会议一开始就给与会经理每人发一个不同色彩的笔。然后要他们把下属的名字、等级（如果考核的另一目的是决定加薪,那么再加上应涨的工资额）,写到一张24开的便贴上。不同颜色的笔迹便于名字和等级贴上挂表时,辨认哪一个是哪位经理的下属。最好在墙上钉几张挂表,每张上面标注一个等级,与会者可把写有员工名字的便贴贴上去,这一程序与第四章刚性排名会议所描述的程序相同。

等所有人写完名字和等级后,叫他们贴到相应的挂表上去。如果该人的业绩勉强可以进某一档,或差一点就到某一较高的档,他们可以把便贴放在相应的挂图中央或靠挂表边的地方。

等级调整的参考因素

1. 工作的复杂程度。相对其他员工的工作,工作复杂程度如何？例如：
   a. 市场挑战与行业挑战
   b. 责任范围
   c. 资源限制
   d. 重点岗位的数目或下属人数有多少

2. 各种目标的复杂程度。相对其他目标,已定目标的复杂程度或困难度如何？例如：
   a. 目标范围或目标的困难性
   b. 目标的复杂性
   c. 目标数

3. 合作。相对其他人而言,该人合作性如何？例如：
   a. 与其他人合作是否是持久的、相互尊重的合作
   b. 为了企业的大利益,甚至在面临极大挑战的时候,也与他人密切合作
   c. 把客户及企业需要看得高于个人日程安排及目标

4. 独有的才华或技能。团队成员拥有使本企业区别于其他企业的独门绝技吗？

5. 技能多样化。团队成员不仅拥有使本企业有别于其他企业的绝技,还有其他各种各样的技能吗？

6. 人才开发(限于经理)。考核对象在为本公司吸引人才、开发人才及留住人才方面做得如何？

第七章

这一技术是一个有效的双向检查技术。首先,业绩考核等级写在便贴上,然后把这张便贴贴在相应的等级挂图上。会议主持者应该检查一下,看挂表上的等级与便贴上的等级是否一致,接着,看业绩等级用语及推荐加薪的金额是否符合企业政策。要经理写下名字及等级,目的是保证不会出现误解情况或粗心而造成的错误,如用的等级标签不对(例如,中档标签上的正式用语是"能力",而有人则用了"满意")或提出的工资调整方案超过了一定范围。最后,一个与会者用一种颜色的笔有助于主持者和全体与会人员一眼即能看出谁的总体业绩考核等级倾斜大,无论是正态倾斜,还是负态倾斜。

便贴贴好后,主持者应马上向与会者指出每一等级上的人数与每一等级上规定的人数存在差异(如果有规定的话),要求他们按每等应有的人数对员工重新分类,同时告诉与会人员,完成这一任务的最有效方式是从两端开始,然后慢慢靠近中央。

会议主持者可要求给自己员工排在最高等级的经理第一个发言,解释自己评分的理由。该评分者应该向全体与会者解释自己的评估方法、使用标准及考虑到的特殊情况。然后,主持者可邀请其他与会者帮忙确定该员工正确的等级,或要他们对等级进行质疑。这样,第一个人的等级就评出来了。接下来,审议排在最低等级的考核对象。对等级排在不令人满意或有待改进档的员工进行充分讨论,直到所有考核对象都在挂图上有了自己的位置。

在等级调整会议期间,在与会者考虑给考核对象什么等级的过程中,可能(这样做是有益的)会将便贴一会儿移到这儿,一会儿搬到那儿。这种做法是值得鼓励的。不到最后,任何情况都可能会有变动。常常有移到低档去的人名,后来又移回到高档。鼓励与会者自己去移动考核对象的名字。会议主持者不能包办代替,这样就不会有人因名字放错了地方而责怪会议主持者了。

用等级调整会议满足分类要求

如果等级调整会议一开始就提供了一个公正的游戏平台,保证经理使用的评分标准一致,还达到了公司的考核等级分类要求,那么等级调整会议的第二阶段就开始了。一旦所有考核对象的等级都讨论完了,指出现在每一档人数与应有人数不相符的地方。若没有不符现象,祝贺与会者,提醒他们注意保密,然后准备结束会议。

若有不符,向与会者指出需要作出的改动,以满足企业考核等级的分类要求。那么,需要做些什么才能达到等级分类目标?征求与会者的意见,除非很快有人提出需要改动之处。在这一点上,技术高超的会议主持者用沉默方式可以收到极好效果。与会者是清楚自己职责的,只是不想履行罢了,他们希望主持者能为他们指一条出路。主持人千万不要这么做。继续向与会者解释,要他们达到预定的分类要求。时间能考验一切。很快,有人在无所作为的过程中终于憋不住了,主动走出来移动便贴。

第七章

　　主持人在建议与会者按分类方案对考核对象的等级进行修改时,要验证一下,看提出的修改建议是否真正依据的是业绩而非软弱经理的让步,看他是否将某人从高档移到低档,只是想让会议早些结束。当评分分类目标满足后,祝贺与会者,准备结束会议。

　　最后一项活动是,要求与会者相互谈论自己对整个最终等级的印象,应重点谈一些出人意料的评分等级,或根据自己对某个在其他评估者手下工作的考核对象有限的了解,谈谈感觉正态或非正态分布有些倾斜的等级。应该问其他评估者在向同行宣布自己对下属的评分和工资增长建议时,是否以为会碰到很大的分歧或阻力……会议主持人可与其他评估者相互交流这方面的经验。对精神高度紧张的评估者,主持人可以教他几招,例如怎样向员工解释所得等级低于想象的原因,不要说:"我给你排名较高,但是其他与会者非要我降低你的等级不可。"

　　结束会议时,提醒与会者保密,同时让他们考虑下一次考核时应采取的步骤。等与会者都离开了,记录所有便贴的信息及具体位置,或者用数码相机把挂图上的内容全部拍下来,作为最后结果的存档材料。

　　为使已有业绩管理办法更为有效,可使用分类方案及等级调整办法。不过,很少有企业具备向各级员工提供明确业绩目标及业绩衡量办法的业绩管理制度;很少有企业为业绩评估和传达业绩评估结果设计切实可行的书面指导;很少有企业指导经理如何去完成预定目标、提出高难度期望、为达标员工提供必要指导和支持、向员工如实传达评估结果（这是公司是否诚实的一个指数）等艰巨任务；很少有企业为员工提供培训，教他们如何从公司业绩管理制度中获得最大利益；很少有企业解决我常在高层听到的一些不满意见，即如何建立一种可靠的文化。这些问题，本章的其他部分将谈到。

建立业绩管理责任制度

本书的主题始终是需要建立业绩管理责任制。刚性排名制、考核等级的刚性分类及等级调整等办法的目的只有一个：为业绩管理提供真实信息。如果经理们能按要求给每个员工提出明确目标，能制定要求严格的业绩标准，能经常向下属明确传达他们的业绩质量，能促进杰出员工的成长和发展，能要求绩差员工改进或辞职，那么所有这些办法和制度就显得十分多余或根本无存在必要。问题是，经理们并非都能完成以上任务，企业高管们必须采取直接行动，建设一个相互依赖的文化。

尽管在自己的团队里，某个领导者可以创建一种高度负责的文化，但要在全公司范围内建立这种文化，需要企业高管们的共同努力，好在这一点并不难做到。例如，雪佛龙·德士古公司（Chevron Texaco）首席执行官戴夫·欧雷利（Dave O'Reilly）在给全体员工的一封例行"主席信"电子邮件中，对他本人的业绩管理活动进行了描述，还鼓励所有员工向他们的上司索取反馈意见。欧雷利写道：

第七章

在过去一周里,我对公司50—60名高层领导的业绩管理计划(PMP)进行了年中审查。每年的此时都是审查公司重要目标,如安全、生产、赢利、总体业绩及个人多样性计划的最佳时期。我鼓励大家都像我这么做——更新自己的进度,与上司坐下来谈谈,了解他对你的业绩有何看法,为本年余下的时间寻找几个突破口。[1]

世界最大企业之一的50或60位最高领导每个人都有业绩管理计划,首席执行官对每份计划都要审议,从中不难看出中下层经理每人最好也要有业绩管理计划。在雪佛龙·德士古公司,不是"照我说的做",而是"照我做的做。"

爱德·舒勒梅椰(Ed Schollmaier)在任制药企业爱尔康公司(Alcon Laboratories)首席执行官期间,工作开展得很好。每年,他会用公司13页的考核表填写自评报告,然后把自评报告散发给自己的直接下属,希望他们能上传下效。只是在企业特别好的几年中,舒勒梅椰的自评等级高于GSP——中间等级,即爱尔康公司五个等级里的中间档。通过撰写并散发自己的自评报告,舒勒梅椰想明确告诉爱尔康公司的经理,对业绩考核制度,老板的态度是绝对认真严肃的,希望经理们用同样严格的标准给部下打分。

在亨特石油公司(Hunt Oil Company),公司老板雷·亨特(Ray Hunt)及其人力资源部副总裁制定出一个业绩考核办法,这一办法堪称简洁的楷模:每年3月,要求每位经理用回答13个开放性问题的方式,评估每位下属的业绩。该办法只要求写一个备忘录,每年由各位经理送到亨特手中,时间不超过3月31日,内容是说该经理已将13个问题逐一讨论过了,或者没有讨论,原因是什么,理由最好充足。对此,人力资源部副总裁解释说,否则4月1日,亨特就会拿起电话问:"你为什么没按我要求的去做?"每个没完成业绩评估任务的经理,亨特都会问到。据人力资源部副总裁反映:"谁也不想接到雷·亨特的这个电话。"

通过业绩审核建立责任制

如果公司要求进行评估结果审议、等级调整会议,那么这一要求将有助于保证评估标准的一致性。另一个对建立责任制及考核准确性十分必要的关键要求是,经理在与下属一起审议自己写的业绩考核报告后,再把报告交高管审核。在拥有浓厚的重结果文化的企业里,有一个特点,即未交老板审核过的业绩考核结果,经理不得谈论。

审核人,即书写考核报告的经理的顶头上司,要承担下列五项重要责任:

> **按时完成业绩审核**。审核人的最基本责任是保证本单位所有下属按时完成业绩考核及其他业绩管理活动。

> **审核要做到公平、彻底、全面**。尽管考核对象不直接在审核自己业绩报告的审核者手下工作,但该审核者

第七章

大多对考核对象有一定了解,同时他还要考虑,经理写的考核报告真实反映了你对这些员工工作好坏的看法吗?这些员工业绩的很多方面都没涉及吗?在等级上有失误吗?考核报告中是否存在个人偏见,包括好的或不好的偏见?如果情况属实,可以与考核报告执笔人谈一谈。

> **评估者的标准是否一致**。是否所有经理对所有员工使用同一标准?某某经理是不是比其他经理更重能力?如果企业不用等级调整办法,审核者的工作就要保证在同一层面工作的员工业绩考核标准相同,无论考核报告是经理A、经理B还是经理C写的。

> **建立铁面无私的严格业绩标准**。有些经理比其他经理严格或仁慈?应该让最严格的评分者为所有负责业绩评估的经理制定标准,除非另有令人信服的原因。

> **指导评估者**。一旦高级经理将他手下经理书写的业绩考核报告审核完毕,就应该开始讨论如何向下属传达考核结果。很可能他的下属以前从未向员工传达过一次业绩考核情况,高级经理要帮助他们,要用自己的经验帮助他们成功地向下属传达情况。

经理们除须为下属写业绩考核报告外,还要审核其他经理为自己下属书写的业绩考核报告,所以有时他们会一致表示不满。但是,这项工作并非过于繁重。对绝大多数业绩一般的员工而言,经理审核时需要做的是将报告的中间部分大致浏览一番,把重点集中在最后的总结部分,看评估者的分析是否全面、准确。位于业绩曲线两端的员工考核报告需要仔细检查,对考核成绩很差的员工,检查报告起草者是否对他有待立即改进之处提出具体意见;对考核为优秀的员工,检查报告起草者对他们已取得的成绩是否予以承认。对于许多方面没达到预定标准的考核报告,审核者可将报告打回去重做,从而向员工表明,公司高管们在业绩管理方面的态度是严肃的。

高管审核后必须在下属书写的业绩考核报告上签字,这个做法有一大好处:高管们因此能够确认企业的人才在哪里,或对企业人才到底在哪儿的主观感觉进行质疑。高管们特别注意被经理评为高潜能员工的考核表,以确定自己与该员工顶头上司的意见是否一致。高管在业绩考核报告上签字的第二大好处是,可将业绩考核结果与营业额进一步结合起来,因为高管们必然用高营业额来检验整体业绩考核等级高的正确性。高管们会由于某绩差部门的考核报告没反映该单位相对较差的业绩状况,而将经理递交的所有业绩考核报告一并退回。这样做可进一步强化这样一个信息,即企业对业绩和业绩管理都很重视。认真审核考核表,是中层经理通过高级管理人员建立业绩管理责任制所能采取的最重要的办法。

建立业绩管理责任制的一个特别有效的方式是,将经理在业绩管理责任制方面的表现作为他业绩考核时的一个观

第七章

测点。许多企业不仅确立了一套核心能力或文化能力标准用于考核企业的每一位成员,还确立了一套具体的当家理财能力标准。对许多管理工作人员而言,当家理财能力包含管理技术、开发人才、留住人才、领导能力、人员管理、团队建设等成功领导人应该具备的重要特性。如果经理在完成职责方面接受考核,并发现他们工资大幅增长是由于他们工作出色,他们就会将大量的注意力转移到业绩管理上。

例如,百事公司的经理要想加薪,要依营业额和人才管理两方面的成功而定,其中营业额占 2/3 的比例,人才管理占 1/3 的比例。工资增长有 1/3 的机会要看人才管理方面的业绩,这一点明白无误地告诉大家,人才管理是公司希望经理重视的一大领域。

拜尔保健公司(Baylor Health Care System,后简称"拜尔公司")是全美最大的医疗机构之一,在这里,业绩考核办法另有一个"领导能力以外的能力"考核。在该公司标准考核文件的"领导能力以外的能力"附加页上,列了 8 项能力,并另附了一张纸,上面有一段文字对此方面的理想业绩进行了规定,例如对人才的管理能力,理想的业绩规定如下:

定期评审业绩,及时进行讨论;雇用最好的员工,选拔最强的下属;对人才很了解,知道如何利用每个人的强项和兴趣;注意有个人问题或烦恼的员工,鼓励他们寻求帮助;必要时向员工说明他们的缺点,并督促他们采取改正措施;奖励勤劳、肯干、成功的员工;努力发挥业绩水平高的员工积极性,解雇无作为的员工。[2]

经理的业绩隔多久能达到企业的期望?在这一问题上,拜尔公司的经理和高管年年要接受考核。拜尔公司用5个级别的频率等级表评估业绩:第一级别是"有时",第五个为"总是"。如果拜尔公司的经理不明白企业在人才管理职责方面对他们提出的要求,只需读一读业绩考核表上的文字即可。

过程评估办法与责任制的建立

既要强调业绩管理,又要确定企业在此方面的努力程度,最有效的方式是使用某种形式的"过程评估"。

现在,有些公司实行网上业绩考核,其好处是使过程评价特别易行。在我企业设计的格罗特方法中,全年业绩管理过程的最后一项活动就是完成一项调查,调查重点是业绩管理过程的效果及执行情况。考核报告一旦写完、审核、通过后,把结果告诉考核对象。格罗特方法中共有11个问题的过程评估问卷,经所有人签名后,让每个考核对象都能在电脑屏幕上看见。这11个问题有些是关于经理在业绩管理方面的完成情况,如"你的上司在年初与你讨论过业绩计划没有?""你对上司的业绩管理做何评价?"

其他一些问题针对过程本身的有效性,如"业绩计划会谈进行了多长时间?""你的发展计划完成得怎样?"

因为格罗特方法利用的是电脑化、网络化,所以过程评

第七章

估产生的数据组成了一个巨大的信息数据库,对各方面都可用不同方式进行编辑和分析,以确定企业在业绩管理的哪些方面很出色,哪些方面应该受到格外关注。过程评估简便易行,加之很快就能分析业绩管理数据,同时该系统为确定该过程在整个企业的使用情况提供了这些数据,这些说明引入网络化制度的努力是值得的。

除正式的年终过程评估外,一些企业还发现,做一些非正式的速成式调查十分管用。某大型石油公司总部设计出网络版"两分钟问卷",供下属子公司的人力资源部经理在网上回答。这个问卷只有6道题,如"你的业绩规划及重要岗位职责如何能帮助你取得团队营业额目标,你清楚吗?""关于工作业绩和结果,你能得到有用的反馈信息吗?"其他的只是就业绩管理的关注度提出问题,这类问题可以提高员工对此类问题的关注程度。

除调查参与者对业绩管理活动的感受外,分析该项举措的实际成果并在全企业范围内传达有关成果,可使经理们更加注意履行业绩管理职责,并在评估时真实反映此过程。我曾为某大型制药公司研究发展部设计过一套评估办法,人力资源部经理和我都认为这套评估办法将超越仅对项目参加者加以衡量的做法,可以探索出一些更基本的问题。在我们研究过的问题中有以下问题:

> ➢ 研发部专家头一年的等级与后几年的等级之间有无大的差异?

➢ 对不同层次的工作,是否有一个始终不变的业绩考核等级分类办法?换言之,工资在 23 等的员工,有多少人须是良好,有多少人须是优秀?工资在 24 级、25 级等的员工也有同样的比例规定吗?

➢ 多少员工第二年与第一年的考核等级一样?多少员工等级有提高(如从良好上到优秀)?多少员工的等级降低了(从优秀降为良好)?

➢ 不同档次的研发部专家的等级分类与同等档次非研发部人员的一致吗?如果有差异,有数据解释其理由吗?

➢ 高管们能接受业绩考核等级分类的表面效应吗?也就是说,如果全体员工中有 60% 被评为良好,35% 优秀,5% 为其他,这样做正确吗?整体而言是不是太严格或太仁慈,或还算不错?

➢ 研发部的整体业绩等级有倾斜吗?是正态倾斜,还是负态倾斜?

有关这套办法的有效性亟待改进之处,许多企业定期在业绩管理过程的参与者中进行调查。2004 年,全美某大型运输公司作了一次问卷调查,针对过程评估要求做的自评报告,向每名员工提出了一个问题,发现尽管多数答卷者认为自评是在"能力对比"的基础上进行的,仍有 47% 的人申明自我的评价是"相对于同行"而言的。

第七章

相对于同行

"相对于同行"一直是本书的焦点。一般情况下,业绩评估可用两种不同的方式进行。首先,在绝对基础上,评估一个人在年初制定的目标、目的和预期目标完成情况;第二,相对于同行进行评估。

虽然绝对比较基础上进行的业绩评估很受企业欢迎,且为企业广泛使用,但是对同样合法且能提供更多信息的相对比较办法,许多公司和经理却持不必要的怀疑态度。刚性排名是一个相互比较过程,是业绩考核的又一替代工具。本书全文讨论了刚性排名制及其他技巧和办法。作为作者的我表现如何?能够找到一个合理有效的办法对此问题加以解答吗?

常规性业绩考核在任何企业的人才管理措施中都占有重要一席,刚性排名制也一样,但两套办法本身都不是十全十美的,都有一定的局限性,但是,两者如果结合起来使用,可为团队每位成员的强项和弱项提供一个准确而全面的信息。

附录 A　经理备忘

本附录安排了三套文件。对打算启动刚性排名制的企业而言，每套文件都是不可多得的参考资料，对我而言，每套文件都是劳动成果，是我与几家大型企业共同开发执行刚性排名制过程中工作的成果，只是出于匿名的需要，这些公司的名字及可透露公司情况的细节不得不略有改动。

1. **首席执行官给被排名者的通报**。公司首席执行官将该通报发给所有即将接受公司首次刚性排名考核的员工。
2. **首席执行官给排名者的通报**。第二份通报，为不透露具体公司，也略做改动。它是该公司首席执行官给全体副总裁及即将参加刚性排名会议与会人员的通报，目的是强调这个办法对公司前途的重要性。
3. **几份原件**。这五份原件旨在教经理们如何向接受评估的部下传达刚性排名结果。

附录 A

通报 1

致： 工资在 14 档以上的全体 Acme 公司员工
撰写者： （首席执行官的姓名）
日期： 2002 年 2 月 19 日
主题： Acme 公司领导能力评估项目

下个月，公司将启动一项新的刚性排名方案，目的是更好地对 Acme 的人才进行定位。在这一领导能力评估项目中，Acme 的高管们将使用刚性排名办法找出：

- Acme 公司全体经理中 20% 表现突出的经理，并加快他们的事业发展速度。
- 70% 的中坚力量，他们是为保持 Acme 公司的竞争力发挥了重要作用的绝大多数经理。
- 排名在后 10% 的经理，这些经理依才华和技术，若能在公司内换个工作或到其他公司发展，定能充分施展才能。

领导能力评估项目将益于所有参与者。对排在前两档的 90% 的经理，刚性排名办法能够对他们的重要贡献加以肯定；这一项目将高度重视排在前 10% 的经理，他们在工作中表现出了才能，应尽力加速他们的发展；至于排在后 10% 的经理,刚性排名法将允许他们转到力所能及的工作岗位上,公司内、外都行。

刚性排名办法的标准是 Acme 公司最重要的三个价值观念(即业绩突出、结果意识强、待人有道)以及个人的抉择能力。在讨论刚性排名制时,还要考虑被排名者的过去业绩、可拓展空间及知识能力等重要方面。

排名决定将由 Acme 各部门的副总裁作出,因为他们最熟悉考核对象。每个排名者将接受数小时的培训,以确保排名的准确、公平、公正。此外,人力资源部负责各个领域的最富经验的经理将坐镇排名会议,为会议补充信息,行使公司人力资源部专家的职责。(人力资源部副总裁的名字)与我将积极参加每一次排名会议。

为保证刚性排名办法的成功、公正,我们正在采取一切措施。现在我们已就所有计划向公司内、外的法律顾问进行咨询,也将邀请一名经验丰富的顾问帮助我们制定会议程序并主持会议。在此,我们要求所有与会人员在正式参加排名会议之前接受培训。目前,我们的各项决定主要依据公司价值体系的几大标准。排名会议一结束,我们将立刻把结果通报给每一个考核对象。我本人将参加每一次会议。

实现企业宏伟目标,高管的责任最大,所以我们今年将把刚性排名法用于工资在 14 档以上的所有人员,包括我的直接下属。未来几年,我们将进一步扩大刚性排名制的使用范围,从对公司成功影响最大的人开始。

附录 A

通报 2

致：　　　　全体副总裁
撰写人：　　（首席执行官的姓名）
日期：　　　2002 年 2 月 19 日
主题：　　　Acme 领导能力评估项目

我们刚刚公布了一套新的刚性排名办法，该办法将有助于我们更有效地挖掘 Acme 公司的人才。在这一领导能力评估项目中，Acme 的高管们将使用刚性排名办法找出：

> Acme 公司全体经理中 20% 表现突出的经理，并加快他们的事业发展速度。

> 70% 的中坚力量，他们是为保持 Acme 公司的竞争力发挥了重要作用的绝大多数经理。

> 排名在后 10% 的经理，这些经理依才华和技术，若能在公司内换个工作或到其他公司去发展，定能充分施展才能。

作为 Acme 公司的副总裁，你将参加一次或多次排名会议。会议时间表见附件。

这一排名办法采用的标准是 Acme 最重要的三个价值观

念（业绩突出、结果意识强、待人有道）以及个人的抉择能力。在讨论刚性排名时，还要考虑个人过去的业绩、可拓展的空间及知识能力等重要方面。

你要接受（日期和时间已定）三小时的培训，方能参加排名会议。如果这两项会议你都不能参加，就不能出席任何排名会议。

培训班由（顾问名字）主持。（顾问名字）是全国知名的顾问，专门研究业绩管理。他将作为主持人参加每一次排名会议。

公司要成功，关键是挖掘、奖励、留住公司顶级人才。此外，我们要保证所有工作岗位不被无能之辈占据。必须承认，刚性排名会议是一种艰难的会议。不过，你将接受的培训、你将带到会议上去的公平、智慧和正直，定能使刚性排名制在本企业获得巨大的成功。

附录 A

原件——如何向经理传达排名结果

要经理在传达排名结果时讲真话？说起来容易做起来难。难的是如何讲真话，真正做到有一说一。尤其棘手的是：须向优秀的经理解释为什么不把他放在 A 等，须向 B 等经理说明他差点就进了 C 等，须向 C 等经理直言他在公司的事业已经结束。

本部分有五份原件，都是我替经理们撰写的，在他们传达排名会议讨论结果时作参考之用。这些原件，许多公司的经理使用过，也接受过就业律师的审核，里面没有暗藏什么陷阱。

Acme 公司是原件中提到的真实企业，但在本书中只是化名。尽管该公司使用的刚性排名办法将考核对象分成 3 个档次（前 20%、中间 70%、后 10%），我发现我得为 5 类考核结果写五套材料：

材料 1——A 等

材料 2——B+ 等

材料 3——B 等

材料 4——B- 档

材料 5——C 等

也许，前 4 种结果的材料适用于几乎所有企业，而第五种结果的材料，即写给 C 等的材料依情况而定，因为这份材料宣布公司已作出辞退决定,并准备向他们提供一份不菲的辞退金,同时帮他们在外寻找工作。当然,还要告诉排在 C 等(后 10%)的人,公司允许他们提出不满意见,拒绝分手协议,再在公司呆 3 个月,3 个月之后要接受同一班底的排名者审议。如果该人能用这 3 个月的时间证明自己的排名实际应在 B 等以上(要么证明原来的排名是错误的,要么证明在相当短的时间内他已经能够越过 B-档的业绩水平),那么新的排名成立,直到下一次年度排名会议重新排名。

附录 A

A 等级——帕特

进来,帕特,请坐。有好消息告诉你。

嗯,我们刚刚完成 Acme 公司领导能力评估项目。经反复讨论,你的排名在 Acme 领导中占前 20%。恭喜你!

今天,我们主要谈谈这个排名对你及你在 Acme 的工作将意味着什么。首先,关于这个项目你有什么问题要问我吗?

回答谈话对象的提问。

现在,我们谈谈这次排名后你的工作会有什么变动,你将承担哪些责任。首先,你的第一个责任是对排名结果保密。尽管公司已经公开了领导能力评估项目及目的,但每个人的实际等级是保密的,希望你不要把你的排名结果告诉与此项目毫无关系的人。

我们今天的谈话要点是你的发展计划。启动领导能力评估项目的一大原因就是要你这样的优秀人才迅速成长起来,你们是公司未来的领袖。现在,我们开始谈谈评估讨论中大家对你的发展所发表的看法……

传达排名会议期间针对此人的发展所需要讨论的内容,特别要谈到按 Acme 的哪一项标准此人最强,哪一项最弱。

帕特,想想自己的强项和弱项。你认为排名小组的评估是否到位?或者你认为自己还可以在哪些领域作出努力,并有所发展?

针对他的发展需要表述自己个人见解时,你可选择说:

1. 由于你的评估等级排在前20%,我们已经计划立刻采取一个行动(宣布行动计划,如专项项目、工作变动、新增职责、指导某高潜力员工、晋升、专项发展项目……)。

2. 我们还没有立刻为你制订发展计划,所以我需要你思考一下,你觉得自己需要怎样促进自身发展。当你考虑自己的发展需要时,帕特,我希望你把眼光放长远一些,不要仅盯在培训项目上。我希望你考虑这样一些事情,如专项项目、工作变动、现职岗位上的新增责任等。你可以考虑做某高潜力员工的导师,或者做高管,这样对公司情况看得更全面一些,或者从事其他能为Acme作出更大贡献的工作。我希望你想好后,在(日期)之前再来找我谈。

帕特,告诉你,参加Acme领导能力评估会议的每一个人,都认为你在公司有着非常好的前途。

附录 A

B + 等级——克里斯

进来,克里斯,请坐。有好消息告诉你。

嗯,我们刚刚完成 Acme 公司领导能力评估项目。经过反复讨论,你的排名不仅在 Acme 领导中排名在中间 70%,还在这一档中排名最高。恭喜你!

今天,我们主要谈谈这个排名对你及你在 Acme 的工作将意味着什么。首先,关于这个项目你有什么问题要问我吗?

　　回答问题。特别要谈到该人没排在前 20% 的原因。如果是某一具体缺点导致该人排在 B 等,谈谈这一缺点,还要谈此人应该立即采取的各种改正措施。如果排名在 B 等是因为总体竞争过于激烈,请直言相告。

现在,我们谈谈这次排名后你的工作会有什么变动,你将承担哪些责任。首先,你的第一个责任是对排名结果保密。尽管公司已经公开了领导能力评估项目及目的,但每个人的实际等级是保密的,希望你不要把你的排名结果告诉与此项目毫无关系的人。

我们今天的谈话要点是你的发展计划。启动领导能力评估项目的一大原因就是要你这样的优秀人才迅速成长起来,你们是公司未来的领袖。现在,我们开始谈谈评估讨论中大家对你的发展所发表的看法……

　　传达排名会议期间针对此人的发展所需要讨论的内容，特别要谈到按 Acme 的哪一项标准此人最强，哪一项最弱。

　　克里斯，想想自己的强项和弱项。你认为排名小组的评估是否到位？或者你认为自己还可以在哪些领域做出努力，并有所发展？

　　针对他的发展需要表述自己个人见解时，你可选择说：

1. 由于你的评估等级排在中间 70％ 档的最前面，我们已经计划立刻采取一个行动（宣布行动计划，如专项项目、工作变动、新增职责、指导某高潜力员工、晋升、专项发展项目……）。

2. 我们还没有立刻为你制订发展计划，所以我需要你思考一下，你觉得自己需要怎样促进自身发展。当你考虑自己的发展需要时，克里斯，我希望你把思索眼光放长远一些，不要仅盯在培训项目上。我希望你考虑这样一些事情，如专项项目、工作变动、现职岗位上的新增责任等。你可以考虑做某高潜力员工的导师，或者做高管，这样会对公司情况看得更全面一些，或者其他能为

附录 A

　　Acme作出更大贡献的工作。我希望你想好后，在（日期）之前再来找我谈。

　　克里斯，告诉你，参加Acme领导能力评估会议的每一个人，都认为你在公司有着非常好的前途。

B 等级——克里

进来,克里,坐下。有好消息告诉你。

嗯,我们刚刚完成 Acme 公司领导能力评估项目。经过反复讨论,你的排名在 Acme 领导中排在中间的 70%。恭喜你!

今天,我们主要谈谈这个排名对你及你在 Acme 的工作将意味着什么。首先,关于这个项目你有什么问题要问我吗?

  回答问题。特别要谈该人排在中间 70% 档的原因。他可能表现出四种人类最普遍的情绪(疯狂、悲观、高兴或恐惧),对此保持高度敏感,并准确作出反馈。
  如果是某一具体缺点导致该人排在 B 等,谈谈这一缺点,以及此人应该立即采取的各种改正措施。如果排名在 B 等,是因为总体竞争过于激烈,请直言相告。

现在,我们谈谈这次排名后你的工作会有什么变动,你将承担哪些责任。首先,你的第一个责任是对排名结果保密。尽管公司已经公开了领导能力评估项目及目的,但每个人的实际等级是保密的,希望你不要把你的排名结果告诉与此项目毫无关系的人。

至于排在 Acme 公司领导中间 70% 对你来说意味着什么,正如开始我说的一样,这是一个好消息。它意味着你对

附录 A

公司的贡献得到承认和赏识，还意味着你在本公司会有一个稳定的发展。

我们今天的谈话要点是你的发展计划。启动领导能力评估项目的一大原因就是要你这样的优秀人才迅速成长起来，你们是公司未来的领袖。现在，我们开始谈谈评估讨论中大家对你的发展需要所发表的看法……

传达排名会议期间针对此人的发展需要所做的讨论，特别要谈到按 Acme 的哪一项标准此人最强，哪一项最弱。

克里，想想自己的强项和弱项。你认为排名小组的评估是否到位？或者你认为自己还可以在哪些领域作出努力，并有所发展？

谈谈有关发展需要的个人见解。

我们还没有立刻为你制订发展计划，所以我需要你思考一下，你觉得自己需要怎样促进自身发展。当你考虑自己的发展需要时，克里，我希望你把眼光放长远一些，不要仅盯在培训项目上。我希望你考虑这样一些事情，如专项项目、工作变动、现职岗位上的新增责任等。你可以考虑做某高潜力员工的导师，或者做高管，这样会对公司情况看得更全面一些，或者其他能为 Acme 作出更大贡献的工作。我希望你想好后,在(日期)之前再来找我谈。

　　克里,告诉你,参加 Acme 领导能力评估会议的每一个人,都认为你在公司有着十分稳固的前途。

附录 A

B－等级——特雷茜

进来,特雷茜,请坐。

嗯,我们刚刚完成 Acme 公司领导能力评估项目。经过反复讨论,你的排名在 Acme 领导中占中间 70%。虽说是一个好消息,但坦率而言,特雷茜,你的排名属于中间偏下。

今天,我们主要谈谈这个排名对你及你在 Acme 的工作将意味着什么。首先,关于这个项目你有什么问题要问我吗?

回答问题。特别要谈到该人排在中间 70% 偏下的原因。他可能表现出四种人类最普遍的情绪(疯狂、悲观、高兴或恐惧),对此保持高度敏感,并准确作出反馈。

如果是某一具体缺点导致该人排在 B 等偏下,谈谈这一缺点,以及此人应该立即采取的各种改正措施。如果排名在 B 等偏下,是因为总体竞争过于激烈,请直言相告。

现在,我们谈谈这次排名后你的工作会有什么变动,你将承担哪些责任。首先,你的第一个责任是对排名结果保密。尽管公司已经公开了领导能力评估项目及目的,但每个人的实际等级是保密的,希望你不要把你的排名结果告诉与此项目毫无关系的人。

至于排在 Acme 公司领导中间 70% 偏下,对你来说意味着什么?我认为这意味着我们认为你在才能、贡献、潜力方面与大多数人一样，意味着你对公司的贡献得到了承认和赏识，还意味着我们认为你在本公司可能会有一个稳定的发展。

但是特雷茜，你要立刻采取行动，发挥自己的潜能。如果我们认为你在 Acme 公司既无才又无能不是一个称职领导，我们会把你的等级排在最后 10% 的。你不是无才无能的领导。但是坦率而言，这次排名是一个警告。

你需要思考的最重要一件事是你的发展。Acme 领导能力评估项目在我们公司会一直做下去。你需要按照公司的领导标准作出巨大改进。我相信下次你一定有能力上到 B+，也许更高。但是现在，你的业绩在哪一档对你的未来十分关键。

尽管由于 Acme 领导能力评估项目的评估结果我们没有为你制订任何具体的发展计划，但我仍希望你思考一下，你觉得自己需要做些什么来促进自身发展。当你考虑自己的发展需要时，特雷茜，我不希望你把眼睛仅盯在培训项目上。我希望你思考自己在哪些方面能更好地达到 Acme 领导能力标准，思考如何为公司作出更大贡献。我希望你想好自己的发展计划后，在（日期）之前再来找我谈。

特雷茜，我要你知道，我相信你有能力在未来排在 B 等。我需要你证明我的话是正确的。

附录 A

C 等级——简

进来,简。请坐。我有坏消息告诉你。

嗯,我们刚刚完成 Acme 公司领导能力评估项目。经过反复讨论,你在 Acme 领导排名中排在后 10%。

开始(你本人也作为评估者参加了这一项目)本项目之前,我们已用公报形式告诉过大家,Acme 领导能力评估的目的是区分 Acme 领导中排在前 20% 的人,排在中间 70%,及后 10% 的人,排在后 10% 的人将被要求离开本公司,在另一公司寻找更好的事业发展机会。

按 Acme 领导能力标准,你受到公司认真而人性化的考核,不幸,你排在后 10%。

在我们深入谈论我们的去向之前,关于这个项目你还有什么问题要问我吗?

回答问题。

如果按 Acme 领导标准,该人由于某一具体缺陷导致排名在后 10%,解释一下这个缺陷。如果是因为总体竞争过于激烈,请直言相告。不要争吵,也不要为评估结果辩护,不要说:

> 决策过程是严格公正的。
> 我个人认为评估是准确的。

如果该人询问取消这一结果的可能性或要求给予"第二次机会",告诉他,你准备把这些话题分开谈。然而首先，你要审核一下大家都欢喜的行动计划。

现在，我们谈谈这次排名后你的工作会有什么变动，你将承担哪些责任。首先，你的第一个责任是对排名结果保密。尽管公司已经公开了领导能力评估项目及目的，但每个人的实际等级是保密的，希望你不要把你的排名结果告诉与此项目毫无关系的人。

让我更具体地解释你的评估结果意味着什么吧。它意味着我们将请你离开 Acme 公司，到别的公司另谋事业。

我们知道，你将面临一个困难的转折点。我们希望能尽全力让你体体面面地作为专家离开。

我们已经准备了一套离职计划，在这里想与你商议一下。

审议离职计划的细节。讨论计划的每一点，并解释这一点如何益于该人。回答该人提出的任何问题。告诉他，你认为公司的这一揽子计划是为他着想的，该人应该为了自己的利益去接受它。

审议该人拿这笔离职金前须在离职协议上签名的文字要求。

讨论接受这一揽子离职金计划的时间期限，以及离开公司的具体期限。

简，我相信，这个排名是准确的，我还相信你换一家公司

附录 A

会做得更好。我认为公司的一揽子离职金计划是公平的，你最好接受。

评估不正确是否可以上诉？可以，你完全可以上诉。如果你真的认为我们的评估不准确，想证明你的业绩按 Acme 四大领导能力标准比其他经理好得多，我们会给你机会证明我们错了。

我们允许你拒绝刚才向你提供的一揽子离职金计划。我们将给你最多 90 天时间证明你业绩优秀。在 90 天快结束时，作出最初排名的同一批评估者将根据 Acme 领导人标准对你再次进行审议。

如果新的评估结果证明我们的最初评估有误，你应排在中间 70%，那么新的排名成立。然而，如果新的考核排名与以前的排名一致，你就得立刻离开公司。此外，我们刚才谈到的离职金会大打折扣。

审议修订过的分手金计划。

简，如果你选择拒绝我们提出的离职金计划，你需要明白自己要采取的行动。这不是什么改进业绩的问题，也不是解决某个困难的问题，你需要证明的是在 Acme 四大领导能力标准方面你处处优秀，你的能力比大多数同等层次的经理要强许多。

如果该人决定拿着离职金离开 Acme，要感谢此人对公司的服务,并真诚表示他的决定很英明。别忘记告诉此人按法律他有(多少)天的时间改变主意,还要告知决定他去留的其他一些法律政策措施,或 Acme 公司的政策及措施。

如果此人说他需要时间仔细权衡,告诉他有关时间规定及其他政策措施。

简,我知道你现在很难。我要你知道,我个人相信你为 Acme 作出了一定的贡献,无论你走到哪里,你都会取得巨大成功。

附录 B 刚性排名制知识问答

"刚性排名制知识问答"(FAQ)由本书作者撰写,是某大型消费品公司刚性排名制的一个组成部分,在此姑且也称该公司为 Acme 公司吧。

为删除任何可能影射原公司的词句,使问答适合所有正在执行刚性排名制的企业,本"刚性排名制知识问答"几经修改。Acme 公司为其刚性排名制选定的名称是"领导能力评估项目"。

这套问题是刚性排名制开展过程中的常见问题,对这些问题的回答,目的就是为企业提供一个可行的样板,在企业设计并向全体员工公开"刚性排名制知识问答"时,可作为参考之用。此外,这套问答还可用来处理刚性排名制开展过程中可能出现的问题。

Acme 公司领导能力评估项目是什么?

Acme 公司领导能力评估项目,即 Acme 公司高管队伍

附录 B

的每位成员都按四大标准接受评估。这四大标准是：执行得力、进取心强、待人有道、勇于抉择。每个考核对象都将分到三个档次中的一档，即前 20%、中间 70%、后 10%。

这个项目要达到什么目的？

在我们这个竞争激烈的行业，成功或赢利远远不够，要努力成为业绩突出、行业最佳的企业，所以这套项目首先从公司领导层开始执行。届时，将使用一套严厉无情、设计合理的刚性排名办法，目的是提高一些高管的领导才能，淘汰另一些高管。刚性排名制这样的办法很有必要，可以使领导保持敏锐的头脑。作为领导，须具备最高的能力，不满足于平庸，永不停止前进的步伐，不断为公司壮大作贡献。

这个项目能做到公平吗？

能。多年来，Acme 公司全体领导和员工已经注意到，公司既重视工作方式，又重视行为、目的。领导在公司营业额及关键领导能力方面要有更好的业绩，这种要求完全是公平的，也是此项目的奋斗目标。领导能力评估项目标准充分反映了我们的理想和价值观。让领导根据这些价值观判断哪些行政管理人员做得最好，哪些做得最差，早已不是什么新鲜事物。公司内外数以千计的人要依靠领导的带领走上成功之路，所以要求领导具备领导艺术。

此项目将有益于 Acme 公司吗？

答案无疑是肯定的。虽然该项目有一定难度，其结果肯定有益于领导能力的提高。我们需要知道，领导企业的个人要能充分行使领导职责，须具备所有必要的能力和经验。

另一益处是 Acme 公司会出现领导能力普遍提高的局面。过去的优秀领导也许这次由于期望标准的提高而无法达标，但会受到公平对待，并得到尊重。不过，凡经受得住这次项目考验的经理，会得到更多的领导机会，从而得到更多的奖励。最终结果是，我们的企业将成为一个领导更为得力、事业更为成功的企业。

这个项目每年都有吗？

是的。我们打算 12 个月后再次启动这一项目，至于以后的项目时间以及频率，尚未决定。

如何组织评估？

5月8—10日之间举行一系列的评估会议。在第一次评估会议上，首席执行官将对其直接下属进行评估。这次会议后，项目顾问，即我们从本行业外聘请的业绩管理专家，将与首席执行官及其直接下属组织一次会议，对工资档次在6级以上的员工进行评估。随后几天，将举行4次有主持人主持的评估会议。评估人员由副总裁们担任。这4次会议安排如下：

附录 B

> 销售与市场营销
> 生产
> 工程、采购及财务
> 人力资源、信息服务、法律

谁来评估？

首席执行官及人力资源部高级副总裁将作为评估人员参加所有评估会议。高级副总裁及部门副总监将作为评估人员参加本部门的评估会议。此外，人力资源部负责各部门的专家将在自己的服务对象接受评估时参加有关会议。

评估人员有评估资格吗？

有。我们的顾问是业内此方面著名专家，他对参加评估会议的人进行了培训。每个评估人员都对研究材料进行过审读，并参加了围绕刚性排名制进行的重要讨论。

这个项目是不是改头换面了的连环运动项目（RIF）？

不是。首先，这一项目针对的是个人，不是工作岗位；第二，因离开企业造成的空缺，很快会有人补上，从而使企业中地位较低的员工有机会得到提拔。

如果我的排名在后10%，怎么办？

与所有接受评估的人一样，这些人也会得到确切信息。显然，这是一个坏消息，但据实告知他们，让他们知道自己在

Acme 公司仕途不佳，这样他们会立刻考虑改变事业计划。告诉他们有一笔离职金，如果他们接受最初的离职金计划，我们还为他们在企业外寻找工作提供便利。

假若排名在后 10% 的人认为，这一评估结果不准确，他可用 90 天时间进行证明，这一期限过后，其领导能力将再次根据四大标准进行评估。如果这一期限快结束时，他们仍排在后 10%，就只能拿着一笔离职金离开公司。不过，早先的优惠条件现在取消。

这个项目对我及我的发展意味着什么？

对 Acme 公司大多数领导（即 90% 的领导）而言，这个项目意味着自身的发展将成为重点。对那些排在前 20% 的人而言，该项目将意味着他们需要有非常具体而严格的发展计划。

会有人告诉我排名结果吗？

会。5 月 13 日至 6 月末，评估者与被评估者之间会有一对一的谈话。

其他公司也采用这一项目吗？

是的。很多管理健全的公司，如通用公司、百事公司、太阳公司、英特尔公司等著名公司都使用这一管理办法。

附录 B

按提早退休计划,正欲离开公司的人会排在后 10% 吗?

不会。已决定按早退休计划准备退休的且工资在 14 档以上的人,将不在评估之列,不管他们决定什么时候退休。

有些部门在解雇劣等员工方面一向铁面无情。现在开始这一项目,这些部门岂不处于不利地位?

非也。此类部门已经有效使用了 Acme 公司业绩管理办法及其他管理工具,应该持之以恒。领导能力评估项目不是针对被认为"有业绩问题"的个人的,其目的是挑选业绩在中等以上的人。

这个项目具体使用 4 项领导标准来衡量 Acme 公司的领导,迫使评估者找出最佳领导。根据这一项目,排在后 10% 的人只是能力相对较弱的领导,不过是因为我们调高了 Acme 公司领导能力标杆,所以他们才没能达标。

如果我们部门有 10% 以上的人排名很低,怎么办?如果我们部门有少于 10% 的人排名较低,又怎么办?

首先,评估并非按部门进行。在每次评估会议上,如前所述,要讨论相当数量的行政管理人员,每次会议有 10% 的人被挑出来排在最后一档。有时评估者也许能挑出更多人。

如果我们部门有 20% 以上的排在高档,怎么办?如果我们部门没有 20% 的人排在头档,怎么办?

还是刚才说的,评估不按部门进行。每次会议都会挑出

20%的人排在高档，因为我们的目的是优中选优，以便用有限的发展时间和资源培养出最佳领导者。

排在后10%的人要在固定日期离开吗？如果有此规定，没有替补人员时怎么办？

排在后10%的每个人都有一个离职方案，以维持离职者的尊严，是对离职者的尊敬。暂时没有替补人员不能成为让一个不合格领导占据领导岗位的理由。

如果这一年我排在前20%，下一年没排上，怎么办？我的发展计划会受到影响吗？

会。

经理要负责保证前"20%强"发展计划的制订和实施吗？

是的。高管们将直接监督前"20%强"的进步。另外，排在前20%的经理还按领导能力评估办法接受评估。如果按4大标准之一，经理们得到"待人有道"的评语，仅此一点就直接说明他们在员工发展上作出了努力。

难道不应该通知所有员工这个项目即将启动吗？这样，他们就能尽力在突然重要的方面表现更好？

Acme公司希望各级员工从他上岗第一天起就作出最佳表现。所以，在录用员工时，要把我们的使命、蓝图及价值观具体告诉所有人，这是企业业绩管理制度和活动的一部分。

附录 B

经常提醒员工，达标的方式与达标内容同等重要。告诉员工应该为自己的所作所为负责。作为领导，要有高超的领导能力，业绩水平要高于普通员工。其实有人会说，凡是过去没反映出公司价值观的领导，现在都在力图弥补自己的不足，这说明他们过去一直没有作出最大努力，没有发挥最大的领导才能，因此应该将他们从企业中开除。

接受评估的人，特别是那些为全公司提供服务的小部门的人，将被一些不认识他们的人评估，其中的风险你知道吗？

我们将要求评估者直接评估他们最了解的人。通常情况下，评估者最了解的是那些在各自的部门或相关部门与自己直接打交道的人。在评估会议上，当某评估者讨论员工情况时，其他评估者会就不明白的地方提出问题，并要求有明确的例证。总体情况下，这样做将保证刚性排名制的严格性能够始终坚持下去。

如果评估对象不太有名（或者不为评估会议参与者所知），此人会自动排在后 10% 吗？

不出名，甚至不为部门副总裁所知的评估对象，将被排到中间 70%。该问题中提到的这类人绝不可能排到最高档或最低档。

不过，应指出的是，这种情况完全不可能发生，因为评估会议的人员来自各部门，评估会议前又做了大量准备，加上人力资源部对评估进行了全程监督，会上还有专家的组织。

把工资在 16 档的人（这类人的领导能力理应更强一些）与 14 档的人（这类人的领导能力稍逊一些）放在一起对比，公平吗？

这个问题问得好。这不是从事某工作的人相对于另一工作的人谁"领导力更强"的问题，而是某人在自己的岗位上将领导能力发挥到何种程度的问题。例如，与工资在 16 档而领导能力与其岗位不一致的人相比，工资在 14 档且领导能力与其岗位一致的某个人发展潜力大得多，尽管 16 档的这个人责任更大。在此方面，根据可观察的行为，而非他们各自的工资级别，对每个人进行公平合理的比较。

如果每年实施领导能力评估项目，对取代前一次排在后 10% 的那些人公平吗？他们不是新手吗？每隔一年采取这一办法岂不更好？

一般而言，新任领导排在中间 70%，这样可以给他一定时间展露才华。在下一年的领导能力评估项目中，评估者可以任此人继续留在中间档。或许评估者认为已给了此人足够时间，所以应该给他正常打分，把他放到另一等级。一般情况下，若某人在岗时间不超过半年，会被视为在岗时间太短，不予评估。

均等就业机会项目将在评估中发挥何种作用？

每次会议的最终 3 个等级（前 20%、中 70%、后 10%）完

附录 B

全以领导能力标准为基础,不按年龄、性别、种族等进行配额。会议将严格遵守以下要求:公平对待每一个人,用同一标准看待每一个人,用同一尺度衡量每一个人。

福特公司采用过这一办法,但因员工激烈反对而不得不终止。是真的吗?

福特公司曾试图使用类似于我们的一套审核办法,但是作为对 18 000 名员工整体业绩管理办法的一部分,这一点与我们不一样。领导能力评估办法与我们的业绩考核办法不同。Acme 公司现在采取的是一种非常小心而谨慎的行为,一方面为了保证公平,同时又将保证严格的审议标准能贯彻始终。

领导能力评估项目合法吗?

合法。公司希望领导能表现出 Acme 公司的四大领导能力,并根据这一期望对领导的业绩进行评估,这样做完全合法。此外,公司内外法律顾问已对整个领导能力评估方案进行了审查。

按 Acme 公司四大领导能力进行业绩评估,反映的是评估者的主观意见,这似乎有失公平。

Acme 公司领导能力评估办法旨在消除主观意见。为此,每一位评估者都已接受具体培训。评估者将只谈论与自己直接打交道人的业绩。此外,与评估对象无直接关系且无

刚性排名制知识问答

一手信息的评估者,可要求其他评估者提供实例,而不是毫无事实依据的主观意见。

最后,我们规定,高管们要在一个封闭而有序的环境中,根据具体的标准,公开讨论某个人的业绩和潜力,这样做与不严格也不客观的方式相比,更公正。

如果上司告诉我,我的排名在中间70%靠后位置,那么下次评估时我有可能排到后10%去吗?

如果得到这个反馈意见后,你还不采取任何改进措施,到明年评估时,你肯定有这个危险。公开性和真实性是刚性排名制的特点。如果经理告诉你,你的排名在中间70%,但是还告诉你,你险些排在后10%,是中间档次的最后一名,此时,你要作出一些重大决定。你可以与经理一道按领导能力标准要求自己,培养自己,或者自问:"Acme公司适合我吗?"

领导能力评估项目能证明Acme公司不关心员工,难道情况不是这样的吗?

绝对不能这样说。挑选合适的领导者,可以推动公司走向成功,这难道不是Acme公司对员工的最佳关怀?Acme公司拥有数千名员工,还有无数直接或间接依靠Acme及其领导生活的人。使用这一项目,Acme公司将拥有一支素质高、能力强的领导队伍,这充分证明Acme对公司长期的健康发展、对公司的未来、对公司的员工十分关心。

附录 C 刚性排名制与法律

近几年来,你一直有浏览报纸标题的习惯吗?请看:

"排名制受追捧,岂知惹恼多少员工"[1]
"宝洁公司吃官司:歧视老员工有铁证"[2]
"刚性排名制引发激烈辩论:挑出最佳员工,换来士气低落,屡因歧视成被告"[3]
"员工告企业名列诉讼案第一"[4]
"公司看等级,员工上法庭"[5]
"年龄歧视?美国退休人员协会(AARP)律师加盟原告队伍"[6]

从上述标题来看,使用刚性排名制无异于一张到法庭的单程票,注定有人告你歧视。但是,尽管这些标题均聚焦法律诉讼,而诉讼结果呢,却有意省略不谈。其实,许多此类法律诉讼案,与微软被诉案一样,都未被法院受理。诉微软案

附录 C

的原告叫彼得·M. 布朗尼（Peter M. Browne），是微软地位很高的美籍非洲裔员工。布朗尼称，微软公司的评估、晋升、奖励措施均给非洲裔员工及老年员工带来极不合理的负面影响。据他说，包括他本人在内的经理被迫在没有客观标准的情况下给很少一部分员工打分，此举的结果对与他们关系好的员工（主要是白种男性）十分有利。2001年5月，华盛顿西区美国地区法庭责令微软公司即刻调查此事，最后裁决："布朗尼先生事实依据不足，无法证明微软公司受保护阶级的成员被不合比例地大量录用和提拔。"[7] 与因发展并保留高级人才队伍所获得的收益相比，企业花在法律诉讼上的金额，相对而言没有超出正常开支范围。

乔丹·考曼（Jordan Cowman）是埃金·冈普（Akin Gump）法律事务所的合伙人，专门从事就业法研究，兼任美国雇主协会派驻联合国国际劳动组织副代表。他说："在过去几年里，由于公司使用刚性排名制所引发的法律诉讼，已经吸引了媒体的广泛关注。但是，真正的问题不在刚性排名制引发了多少起诉讼案。其实，与常在业绩管理和奖励中使用刚性排名制的庞大公司数相比，法律诉讼案的实际数量非常非常少。"[8]

"对大量员工进行刚性排名不一定导致诉讼，"企业顾问协会（Association of Corporate）发表的一篇文章认为[9]，"太阳微公司对43 000名员工进行刚性排名，但无一人起诉它存在阶级歧视问题。太阳微公司把低分的消息及早告诉员工，向他们提供一对一的辅导，以帮助这些排在后10%的人迅速提高业绩。太阳微公司的经验表明,通过严格管理,一家公司可以解决或者至少可将与大量员工排名有关的摩擦降到最低限度。"

其实,使用刚性排名制可以在打官司时为自己提供更好的辩护证据。刚性排名制的批评者们一般拿业绩评估过程中出现的问题作为论据,如排名很主观,经理个人有偏见,没考虑个人的独特才能或突出缺点,尤其没考虑该人来自一个特别强或特别弱的单位这种特例……很明显,对微软公司、福特公司、康诺克石油公司提起的诉讼证明,排名制的执行正在走下坡路,对此吉本斯法律事务所的克里斯蒂娜·A. 阿马尔弗(Christine A. Amalfe)和希斯·爱德曼(Heather Adelman)坦言道:

> 然而,在排名制的法律诉讼及批评面前,公司不应该撤销有效的业绩评估措施,应该启用能够鼓励经理向员工据实提供评估结果的评估措施。书面业绩评估制、排名制、多样化项目要按时间先后分别执行,这样做可以帮助企业抵御有关偏见和骚扰方面的诉讼。这几样办法如果操作无误,应该为公司提供书面文字材料,证明后来所做的用人决定是合法的、非歧视性的,因而是正确的。的确,当没有证据证实用人决定是否正确的时候,或者员工在被解雇前没得到负面反馈意见的时候,以人事决定为理由想打赢官司就困难得多。[10]

附录 C

马蒂·德尼斯（Marty Denis）律师认为，用刚性排名制确定解雇人员的方法，实际上可以起到强化用人单位法庭自辩的效果：

> 排在本部门最后一名，应该成为辞退该员工的最佳理由。毕竟，排名制的目的之一就是帮助人力资源部解雇员工。刚性排名制是一种很有用的工具，将员工进行排名，自有其优点：它采用一套统一标准。如果参考目前考核结果，就不存在非所谓的"旧"业绩考核结果，因为旧的业绩考核结果也许被赞誉过头了。另外，用常规性的业绩评估办法，经理或许不乐意打破常规计划的平衡，不会对下属的业绩缺陷直言相告。同样重要的是，排名制规定对员工之间的业绩进行对比，这为企业用人决定提供了现实的参考依据。[11]

刚性排名制的合法性

首先，使用刚性排名制并不违法。有关排名制的具体陈述或多样性，我在十多篇文章和法律读物中看到过，均由代表原告和被告的律师撰写。但是使用刚性排名制的确使公司成了歧视诉讼的活靶子（像用人企业采取的所有人事决定一样）。在过去几年中，微软公司、福特公司、固特异公司（Goodyear）、康诺克石油公司、美国第一资本金融公司（Capital One）、斯普林特电讯公司（Sprint）等大型企业都遭到过员工起诉,理由是公司刚性排名制有非法歧视现象。有趣的是,歧视的类别没有一个固定模式。福特公司、固特异公司、康诺克石油公司、斯普林特电讯公司员工的原告律师指控公司存在年龄歧视,而微软公司和福特公司的员工则指控公司有种族和性别偏见,福特公司员工提出了公司对白种男性有种族偏见。鉴于此,用人企业在启用刚性排名制时要防止出现许多潜在的法律问题。[12]

不同的待遇及不同的影响

此外,原告的论点也没有一个固定模式,既有强调待遇不同的,也有强调阶层歧视造成不同影响的说法。根据表面证据,原告称,公司排名制对他们所属阶层存在歧视,或对某些原告有个人歧视。例如最近的福特案,起诉函修正稿指控福特公司强力推行少数民族政策,迫使经理把白种男性排在最低等级。在这种情况下,不是排名制本身,而是该办法的不公平性或歧视性做法,成为员工与公司对簿公堂的原因。

在因待遇不同而进行的诉讼案中,员工须证明用人企业的行为存在歧视动机。如果歧视行为成立,那么用人企业必须拿出一个说得通的理由(如该员工排名低等),来解释有关行为,而员工须证明这一理由只是个托词,主要用来掩盖其真正的歧视意图。表面证据必然涉及按员工种族、年龄、出生地等故意歧视员工的指控,对此,一个决定性的问题是,企业是否真的有歧视的故意。

当用人企业将排名低作为合法理由解雇员工时,员工常

附录 C

常提出反对意见,说排名制只是歧视行为的一个借口。例如有些原告认为,排名制的目的是把老员工排在低档,从而掩盖用人企业的歧视性目的。尽管这只是一种说法,员工发现,要证明刚性排名制只是一个托词的证据材料实难提供。

原告因待遇不同起诉前东家的官司有赢有输。1993年,阿拉巴马州的几名原告起诉他们的原单位,说排名制致使部分员工不公正地失去了工作。[13] 不过,法庭认为这一说法不成立,要求员工有充足证据证明公司有歧视的故意。法庭最后裁决,排名制应将公司所有人,无论年龄,全部纳入评估活动之中。法庭裁决书称,尽管排名制有些主观,用人企业完全可以采用主观性的标准,条件是这些标准不要造成歧视行为的产生。

不过,陪审团作出的有些决定,对声称受到刚性排名制歧视的员工十分有利。在这些案件中,法庭一般能找到充足证据支持陪审团的裁决。[14] 无论原告用待遇不同的理由起诉是否成功,每一案例都要以事实为根据。

不同的影响

根据表面证据,原告称排名制对某个受保护群体成员产生了负面影响。与待遇不同论不一样,表面证据理论要求提供蓄意歧视的证据,而且原告须证明某具体政策或做法(如给员工排名)对某受保护群体造成的不利影响极大。

不同影响论就是不同阶层论。"此类说法涉及对某项政策或某种做法的不满,尽管这项政策或这种做法力图做到不偏不倚,但无意之中对某受保护群体造成了极大的伤害,或置他们于不利地位。不过,蓄意歧视不在此列。不同影响论的基本问题本身具有纯统计性质:中立的劳动用工制度对受保护群体产生了极大的影响吗?"[15]

在影响不同论中,原告须用统计数字证明负面影响的存在。如果原告成功地证明负面影响的存在,用人企业须出示证据说明,受到指控的某项措施与工作有关,是企业的必备措施。即使用人企业成功地驳回这一指控,原告仍然可以通过证明存在负面效果小的替代性办法,而用人企业没有采用,从而取得胜利。因此,不同影响论将从某些突破点上对排名制进行质疑。以刚才提到过的福特案为例,原告声称,排名制对白人、男性、老年员工很不利,因而不符合企业重大利益需要。

刚性排名制与年龄歧视

尽管诉公司歧视案可能基于一系列因素,如种族、性别、出生地,但从表面看,这些指控刚性排名制导致非法歧视的法律诉讼,焦点基本源自对年龄歧视的不满。

1967年出台的《就业法案关于年龄歧视的规定》(ADEA,以下称《规定》),保护年龄在40岁以上的员工不因年龄受到劳动用工歧视。《规定》的保护措施适用于员工和求职者。根据《规定》,因某人年龄而歧视他是违法的,无论用什么说辞,以什么为条件,还是提供何种就业特权,如用工、解雇、晋升、奖励、分配工作岗位、培训等,都属违法行为。

附录 C

无论是因某人反对以年龄为基础的歧视性用工办法,还是因年龄歧视起诉、作证、参与调查取证或按《规定》起诉,只要对此人实施报复,都属违法行为。

《规定》适用于员工人数在 20 名以上的用人企业,包括国家和地方政府机构;适用于就业机构、劳动组织以及联邦政府。[16]根据美国律师协会的解释,《规定》(第 621—634 页)禁止基于年龄的就业歧视。为此,受保护的年龄至少要在 40 岁以上。如果用人企业拒绝雇用某人,主要是因为此人才 25 岁,就不算违反了《规定》。然而,有些禁止年龄歧视的州法律对受保护的年龄作了更宽泛的界定,例如俄勒冈州禁止对任何 18 岁以上的人有年龄歧视现象。[17]

就在《规定》通过后的第 13 年,该规定被修订。修订工作主要通过增加《老年员工利益保护》(OWBPA)内容,使某些条例更有针对性。《老年员工利益保护》禁止用人企业剥夺老年员工的利益。国会承认,向老年员工倾斜所需成本大于向年轻员工提供的同等利益,所以用人企业更不愿意雇用老年员工。因此,在某些特定情况下,允许用人企业按年龄增减员工利益,先决条件是老年员工和年轻员工的利益成本须一致。[18]最重要的是,《规定》规定员工只要满足一定的条件,便可以根据此法案放弃自己的权利。平等就业机会委员会(EEOC)指出:

> 在就《规定》的管理或法律问题进行调解时,在考虑离职鼓励计划及其他离职计划时,用人企业可以要求员

工按《规定》放弃自己的权利或要求。然而,《规定》经《老年员工利益保护》修订后,规定了须达到的最低具体标准,使弃权在知情和自愿的情况下进行,唯有如此才是合法的。除其他要求外,有效的《规定》弃权说明书须:

➤ 用书面形式,且用语明白易懂;
➤ 具体参考《规定》中的权利或要求;
➤ 不放弃未来可能出现的权利或要求;
➤ 交流宝贵的意见;
➤ 在弃权书上签字前,建议书写者去咨询律师;
➤ 给此人至少21天时间对这份协议充分斟酌,签名之后至少给他7天时间可以取消协议。

如果用人企业要求此人写一份与辞职计划或其他与辞职计划有关的按《规定》的权利弃权书,有效弃权书的最低要求会更宽泛。[19]

年龄歧视上诉案连续增长几年后,于2004年下降。自1992年以来,平等就业机会委员会受理的年龄上诉案比例最低占全部案例的18.3%,最高是2002年,占全部案例的23.6%。2003年,年龄歧视上诉案有81 293起,占受理案件的23.5%(种族歧视案占38.5%,性别歧视案占30%)。[20] 2004年,平等就业机会委员会受理的老年员工上诉案下降幅度最大,仅有17 800起,比2003年下降了7个百分点。[21]

附录 C

刚性排名制引发年龄歧视诉讼的风险很大。人力资源管理协会在其战略人力资源管理法律报告中发表了一篇由卡米尔·奥尔森律师和格雷戈里·戴维斯律师撰写的研究文章，该文章对这一点进行了强调说明：

在一个有夸大考核评分史的企业或团队中，我们发现，基本上是那些工作时间长、不再年轻的员工排在低档，而这些人过去一般都排在中间。难怪，这些员工会认为自己被刚性排名制"强行"打入低等级，是因为公司现在想把他们排挤出去。此类员工常以个人和全体老年员工的名义起诉公司。考虑到排名较低的员工的一般年龄结构，采用刚性排名制的公司最易受到年龄歧视的指控。[22]

针对美国第一资本金融公司和斯普林特电信公司的年龄歧视指控

最近两起引人注目的歧视案涉及因公司使用刚性排名制而起的年龄歧视指控。2002年12月，一些老年员工对信用卡服务公司美国第一资本公司提起诉讼，声称对"年轻经理进行的不公正"的岗位业绩评估活动，使得他们被公司辞退。2003年3月，美国退休人员协会律师加入这起诉讼案，为原告辩护。

为证明刚性排名制鼓励经理把老年员工排在最后的起

诉成立,第一原告托马斯·费尔特曼(Thomas Feltman)直指美国第一资本金融公司的"年轻文化"。他说,这种文化是仅将年轻员工视为高潜力员工的结果。美国退休人员协会及原告们进一步指出,该公司的营销方式强调的是公司工作岗位的年轻化,公司年度报告和公开声明强调"公司未来要靠公司年轻的工商管理硕士们",公司招聘材料也大肆鼓吹公司员工平均年龄在 26—29 岁之间。[23]

美国退休人员协会在谈论这一案例时,具体目标针对刚性排名制,证明类似美国第一资本金融公司的企业,迫于恶劣的经营条件,有减少员工的不纯动机,为掩盖这一动机还发表了虚伪的公告。他们说:"老年员工在减员增效和公司重组时,特别容易受到伤害。尽管用人企业很狡猾,不明说他们打算辞退老年员工,但他们设计了大量较为婉转的方式来达到这一目的。一个策略就是将员工业绩进行排名,这样老年员工就会因为排名低而提前离开公司。"[24]

2003 年 6 月 10 日,弗吉尼亚东部美国地区法院主审法官罗伯特·E.佩因(Robert E. Payne)同意原、被告双方的庭上和解,从而给这起原告主张权力的起诉案画上了句号。尽管双方同意对和解办法的条款保密,从第一原告费尔特曼和美国退休人员协会律师充满失望的言谈中,可看出和解办法只对公司有利。

总部设在堪萨斯城的斯普林特电信公司,于 2001 年 10 月至 2003 年 3 月之间迫于电讯业的形势恶化,进行大量裁员,共裁掉 20 000 个工作岗位。现在,斯普林特电信公司成

附录 C

了一个拥有员工 65 000 人的公司,其中有多达 6 800 名员工年龄超过 40 岁,受《规定》及《老年员工利益保护》的保护。起诉书声称,斯普林特电信公司用刚性排名制刁难留下来的老年员工及决定不走的老年员工。

据《堪萨斯城市星报》(Kansas City Star)报导,2003 年 3 月,第一原告雪莉·威廉姆斯(Shirley Williams)与 119 名斯普林特电信公司原员工共同起诉该公司,声称斯普林特电信公司在降低业绩等级及把 40 岁以上的人放到易解雇的岗位方面,有一种"年龄歧视模式和做法"。[25] 美国退休人员协会律师于 2004 年 7 月插手了这一案子。2005 年 3 月,原告们第二次提起法律诉讼。

斯普林特电信公司不仅否认有任何针对老年员工的"政策或做法",还指责美国退休人员协会掺和进来前没做充分的调查工作。在一份精心准备的公告中,公司声称:"斯普林特电信公司同意美国退休人员协会的观点,认为老年员工是全美所有公司的一笔重要财富,并欢迎美国退休人员协会不知疲倦地为老年员工代言。"但是公司女发言人詹妮弗·博斯夏特(Jennier Bosshardt)指出:"其实就在法庭调查期间,斯普林特电信公司员工平均年龄提高了,40 岁以上的员工百分比也有所提高。如果斯普林特电信公司像原告所说的那样在清除老年员工,显然与事实不符。"[26]

2004 年 7 月,美国地区法官约翰·龙斯特拉姆(John Lungstrum)给这起集体起诉行动出具了一份临时证明,这样做等于向一个阶层授予了诉讼地位。根据这份证明,新证据的有效性可能有望从 2005 年 5 月的庭审一直延续到 2006 年,除非提早和解。出乎人意料的是,斯普林特电信公司在 2004 年"多样化公司 50 强"中名列第 11 位,被《财富》杂志命名为美国"少数民族裔员工的最理想公司"之一。

法庭不愿干涉就业决定

劳拉·费舍尔(Laura Fisher)及其同事,在为公司顾问协会撰写用人企业如何避免违反法律时指出,法庭并不愿把自己的意见强加到用人企业身上:

> 当用人企业用员工排名情况作为拒绝给他加薪或辞退他的理由时,员工往往声称,排名制是歧视行为的一个托词,但是很难找出排名决定的漏洞。一般原则下,用人企业如果能证明某员工排名低与他较差的业绩相一致,那么就能打赢官司。用人企业无需证明对某员工业绩评估的准确性,只需证明作出排名决定的人真心相信评估的正确性即可。此外,原告无法仅通过对排名过程或结果发表不同意见的方式证明排名制是个借口,因为法庭一般拒绝用自己的判决代替用人企业的决定。[27]

丽塔·里泽(Rita Risser)律师是《不上法庭——如何避免与员工打官司的须知》(*Stay Out of Court: The Manager's Guide to Preventing Employee Lawsuits*)一书的

附录 C

作者。她在自己的网页 FairMeasures.com 上开辟了一个问答栏,专门邀请人们提出有关问题。在一次网上交流中,她直截了当地回答了某经理的提问,回答直捣经理问题的心脏:

排名反映了经理的个人意见,其结果合法吗?

最近,我对一名员工进行了年度考核。在该员工的书面回答中,他说他不同意评审结果,因为我写的考核意见是我对他的个人意见,所以应该从他的考核报告中删除。他说,如果不删除,他就会起诉我及我的公司。他这么做,真的有什么法律依据吗?

丽塔·里泽的回答:

没有。你写的考核意见当然以你的个人观点为基础。公司要你来评估员工就是要你这么做的——公司相信你作为一名经理的意见。你应该让员工达到你的标准,如果他们反对,你的态度要坚决。

如果你写的考核意见主要出于偏见,显然此人有理由指控你歧视。但是,如果你的意见是你对他工作业绩的考察结果,他没有理由告你。如果你的意见建立在你知道不符合"事实"基础上,评估结果可能成为他告你诽谤的依据。但是如果能证明这只是员工与经理之间的意见分歧,你就赢了。[28]

威廉·R. 霍普金斯(William R. Hopkins)律师指出,不

同法院会有不同意见,但都承认需要保持用人单位企业经营方面的独立地位,这是企业的自主权。法院一直通过运用《商业法规》(Business Judgment Rule)表达了对用人单位的尊重。霍普金斯认为,法院已经用许多方式对《商业法规》进行了诠释:"法官不得随意评价某用人企业经营决策是否正确或者合理。"[29] 此外,前面反复说过,"我们不充当'超级人力资源部门'的角色,不会去评价用人企业非歧视性经营决策的优缺点或合理与否。"[30]

埃克森案

两起诉埃克森石油公司(Exxon)刚性排名制的案例证明,当排名制经过精心设计并成功运作后,假设公司根据刚性排名数据作出的决定遭到质疑,公司有理由表现出极大的信心。

罗培诉埃克森公司案

第一起官司的原告是这家石油巨头的律师。在罗培诉埃克森公司(Roper v. Exxon Corp.)年龄歧视案中,法庭作出了益于埃克森公司的判决,因为辞退员工的理由是,业绩考核制证实该员工业绩水平低且态度恶劣,并证明排名不是托词。原告罗培是一名律师,他起诉埃克森公司年龄歧视,声称他所在的部门考核办法具有歧视性。埃克森法律顾问部每年从多个层面对员工进行评估和排名,这些层面涉及律师、经理和客户的意见,由此得出的排名结果依据某人在评

附录 C

估组其他律师中间的相对贡献和业绩（评估组由法律部门工作内容和职责相似的律师组成），然后对每个律师的排名进行分类（分类按总人数的百分比计算），小组中99%的人是业绩相对好的律师。

埃克森公司还采取连续业绩改进（CPI）办法。按这一办法，排在排名小组后10%的员工将被告知自己的排名位置，并受到管理方的特别关注。如果该员工相对业绩没有持续进步的表现，会被再次分配工作，再次分类，或被要求离开公司。该原告在前三年均排在排名小组后10%。按持续业绩改进办法，上司已把他的排名情况告诉过他，并向他提出过停职警告。

法庭通过调查发现，在三年的排名中，年龄与排名没有明显关联，年年都有几位年龄在55岁以上的员工排名在后10%中。法庭还注意到，埃克森公司在有关原告持续业绩低下、态度差的书面材料中措辞谨慎，认为有关事实充足，完全有理由结束与该员工的雇佣关系，无需考虑他的年龄问题。[31]

科尔曼诉埃克森公司案

第二个案例进一步证明，为确保排名过程的准确性与合法性，埃克森公司采取了各种各样的安全保障措施。在这一种族和性别歧视案中，法庭当场作出了益于埃克森公司的判决，认定埃克森公司的排名办法是中立的，有反歧视措施，并得出结论认为，原告证据不足。

在这一案例中，几个经理级员工坚称埃克森公司用来确定工资的排名制任由排名者的种族和性别偏见泛滥。在埃克森公司,经理的业绩可以通过两种方式评估。第一,每位经理接受自己顶头上司的个人评估。这种评估有一个标准表格,上面列举了不同的业绩标准,按这些标准,员工被分为"较好"、"一般"或"不好"。第二,所有经理放在一起进行排名,竞争很激烈。这些排名由被评估者的顶头上司进行,排名过程接受来自人力资源部及高管们的监督和审核,由此产生的排名表被分成5档,第一档最高,经理的排名档次是工资的绝对决定因素。尽管只有排名档次影响工资,但经理们的个人评分从最高99到最低1分不等。

作出排名制不存在歧视现象这一结论,法庭的依据是公司排名过程中采取的以下各种保证措施:首先,人力资源部经理主持了"启动会议",所有经理都得参加,会议内容包括排名程序和目的说明、提问和解答、强调排名的严肃性、强调排名过程的公平、公开原则、重视公司多样化的承诺;第二,每位经理将自己直系部下的业绩评估情况进行汇总;第三,每位经理挑选自己愿意排名的手下,不要求经理用任何特别的标准进行排名,而是鼓励他们考虑部下在领导能力、交流、安全或健康、岗位知识及人力发展等方面的业绩情况;第四,个人排名表用电脑计算;第五,全体经理聚在一起进行排名;第六,人力资源部工作人员在排名表上反映"倾斜数据",注明每个考核对象小组(按部门和工种)的平均排名,及少数民族和妇女的平均排名;第七,全体经理再次聚在一起,讨论倾斜数据,并对当年排名的过程发表意见;最后,高管们聚在一

附录 C

起对排名表进行最后审核。[32]

增强法律保护能力

埃克森公司采取的措施,在前文中有过详细描述,这些措施帮助该公司打赢了非法歧视的官司。综合考虑后,我们将探讨公司应采取的几项具体行动,以保证产生下列两种结果:第一,降低员工起诉公司的可能性。员工也许不赞成老板作出的决定,如果他们感觉公司这么做是公平的,哪怕这些决定对他们产生极不好的影响,也不可能把公司告上法庭。第二,如果遭到起诉,会降低原告胜诉的可能性,或者增加很快达成庭外和解的可能性。以上两个方面是加强法律保护能力时要注意的。

当然,有些建议,如所有公司文件中都不许出现去旧存新或后生可畏之类的词汇,这些建议与刚性排名制无具体联系,甚至与业绩管理也无具体关联,它们只是一些较好的实际措施。但是审查自己的实际措施,特别是在开始相互比较或刚性排名办法之前,对文件进行审查,可以增强法律保护能力,可以相应减少许多个不眠之夜。

第三章提出了大量建议,指导一步一步该怎么做。这些建议如果得到落实,会建立起一个经得起法律考验的、益于公司人才管理目标实现的制度。不过现在,我们把目光投放到那些与刚性排名制的法律方面有直接关系的内容上。

实施刚性排名制之前

　　刚性排名制对企业绝大部分乃至整个企业都有可能产生深远影响,因此在建立这一潜力巨大的制度之前,要把计划拿到公司内、外法律顾问处进行咨询。从一开始就从法律方面加以考虑,可避免一时疏忽犯下的无意错误。公司内、外的律师都要与法律顾问互补。不过公司内、外的法律顾问首先应该了解公司及公司文化,这样就可为计划准确把脉,会留心到任何可能出现的重大问题或阻力,内部法律顾问还可能注意到一些具体情况,要求公司在实施某项重大举措之前就必须深入研究并解决这些情况。

　　公司外的法律顾问应该带来更多有关刚性排名制的信息,最好是其他客户在成功启动这一制度时的经验教训。向公司内、外法律顾问进行咨询,可以保证这些经验的广度和深度:公司内部律师熟悉公司,包括公司的历史、敏感问题及文化;外聘法律顾问了解就业法的复杂性,在为企业具体需要和预期目标设计相互比较办法时能提供有价值的参考意见。

　　无疑,律师们早在设计刚性排名制的第一步时就应该提出企业该跨出的第二步:检查企业是否做好了实际准备。这一步包括这样一些必要的活动,如修订政策,修订手册,确保其中没有可能授人以柄的内容;第二,确保里面没有任何话语与使用相互比较办法的意旨相冲突,例如假设员工手册提到企业晋升及其他无条件的益处将献给那些"长期以来对企

附录 C

业忠心耿耿"的员工，那么启动刚性排名制的意图显然与这一说法相抵触，因为受益者要去争取这些无条件的益处，而非因为他们呆在公司的时间长短。

　　还要对其他文件中的措辞保持高度敏感，这一点要重视。此类文件包括今天广泛运用的工具，如电子邮件、经理通报、外聘顾问写的报告和白皮书、各种项目的培训计划及评估表格等等。这是审查制度吗？是的，是审查制度，但属于自审制度。该销毁的现在最好删除，这样做总比被传唤到证人席进行一一解释要舒服得多。

　　对过去的业绩考核进行彻底审查至关重要，特别当刚性排名制旨在达到以下目的的时候，要挑选提拔顶级人才或对人才委以重任；要挑出业绩最差的员工，重新分配他们工作、降级使用，或请其离职。

　　处于排名曲线顶端的人考核等级比其他员工高许多，而处于排名曲线底部的人考核等级则比其他员工低许多，要想找到一份精确反映刚性排名结果的业绩考核报告，几乎不可能。要是能找到的话，就根本不需要刚性排名制了。在审查业绩考核时，特别要注意曾经有过优异考核记录的边缘员工。如果你把这些人排在末位，在宣布结果或按排名结果采取行动时需要向律师详细咨询。

　　在你检查过去业绩考核记录时，最好还要看受保护阶层成员的普遍等级比全体员工高还是低。如果老年员工的考核结果高于经验少一些的员工，如果排名表明这些考核等级掺了水分，将来就可能出现麻烦。当然，不管是否决定创立刚性排名制，对全公司的业绩考核结果进行例行检查都是明智之举，因为这样做可以让你对目前的潜在问题保持警惕。例如，如果你有一个单位因业绩质量差及大量的受保护阶层成员而闻名，如果你检查发现该部门的员工比业绩更好的部门的员工业绩考核分数高，最好向该部门的经理（或该经理的老板）询问情况。

开展刚性排名制可用来减少法律问题的一个方式就是，刚性排名制从公司高层开始排名，并逐步引入。劳拉·费舍尔及其同事对逐渐执行这一制度在法律上的益处，做了如下有说服力的评论：

> 公司应该从企业高层开始，逐步引入刚性排名制。一两年后，方可在低层员工中使用。这种渐进方式有两重目的：第一，就是可以缓解一夜之间要给数百或数千名员工进行排名所引起的方法问题、管理问题；第二点更重要，刚性排名制在美国员工中有很浓的消极含义，他们普遍认为该制度的目标就是裁员。逐渐引入刚性排名制可以让企业有一段充足的时间去慢慢接受这种文化。[33]

当然，如果引入刚性排名制意在推动文化的变革，迅速创造一个高业绩、重责任的气候，那么渐进的办法似有不妥。但是类似情况下，把这一办法用在高管们中间，可以平息下层员工的担忧。我曾在这样一家企业帮助策划过刚性排名制,这家企业排名之后第一个离开企业的人是公司财务总监。当企业员工看见首席执行官的直系部下走人时,会对后来处置低层员工的做法更易接受。

宣传和培训

现在,看看企业愿意对正在使用的刚性排名制宣传到什么程度。在此方面,意见各异:有的公司将这一办法的使用视为公司机密,更不用说其排名结果了,那可是绝密;有些公司则完全持有公开的态度。在第三章,我已讨论过是否公开使用刚性排名制正反两个方面的意见,至于减少可能的法律问题,我认为公司最好对这一举措的使用和操作方法公开,因为这样的秘密总有一天会暴露的。持理性的公开态度,可使企业得到一套有关该制度目的和功能的信息,这样可以集中精力进行人才管理,留住或奖励公司业绩最好的员工,而非任谣言蔓延该办法的整个实施过程,也不会任由这一办法被定位成一种苛刻的淘汰手段。

用来避免法律纠纷的另一项保障措施是对所有参加排名的人进行培训。有针对性的培训可以降低排名者拒绝执行统一程序的现象,防止他们在排名时说出一些愚蠢的话来;培训还可以增强公司的法庭自辩能力,可以保证刚性排名办法实际使用时仍旧采用最初设计的技巧。这样,不仅排名者评估工作更称职,第一次排名会议遵循的程序也将为第二次、第三次、第四次排名会议所遵循。这种连贯性表明,每个考核对象都将在同一平台上接受评估。

排名会议期间

为避免法律纠葛，显然还有一点要注意，即在排名会议上不要发表欠妥言论。热烈讨论员工确切排名时会冒出对该人年龄、性别或种族的一些蠢话，尽管这些过头的话可能不会引起与会者的注意（如果无人立刻制止的话），也不会记录在案，但结果可能是，某个排名会议的参与者事后会被传唤到法庭，对排名期间大家的言论作证。如果这个作证的人被问及讨论过程中是否听到过某种言论，那么一个小小的口误就有可能酿成一次损失巨大的败诉。因此，聘请一位技术高超的会议主持人十分必要，他能对任何不恰当的言论立刻提出警告。如果一句不经意的话从高管嘴里冒出，情况则更为严重。虽然法庭不会逮住一句有口无心的话不放，但如果这些话说过后无人表示反对，这无疑向陪审团说明公司高层的核心态度带有种族、性别、年龄歧视的色彩。

另一个可能增强公司法庭自辩能力的行动就是，排名讨论时使用的标准要经事前确定，要让所有经理了解将员工划入 A、B、C 等的标准（或企业确定的排名方法），要求他们坚持这些标准。马蒂·丹尼斯（Marty Denis）在一篇关于裁员或辞退员工时如何避免官司的文章中，着力推荐以下做法：

> 在为裁员、用人、提拔、提高业绩而对员工排名时，如果公司采用标准，就要保证所有经理掌握并使用这些

附录 C

标准。你也许不会设计出一套万无一失的制度保证经理使用这些标准,但是如果你要避免经理(或前经理)出庭证明他们不知道这套标准,那么至少你要考虑让你的经理在一张确认他们已接受并保证执行这套标准的名单上签字。前经理在文件上的签名,特别是上面有日期的签字,在经理后来被辞退或在法庭上否认自己知道这套标准时,是最有说服力的证据。这种名单或许意味着要做更多的文字工作,但是人的记忆会消退,所以至少签过名的名单可助你一臂之力,为你提供有力的证明。[34]

排名会议期间客观使用这套标准,对防止法律纠纷十分必要。企业用来对员工进行相对评估的方法,一般与严格的数量分析不相容。例如,通用公司的 4 能标准(即高潜能水平、激励员工为共同目标奋斗的能力、敢于作出抉择的能力、始终不渝信守承诺的能力)就不能精简成一个数学公式。不过,通用公司的这些标准当然能用客观方式进行描述,这便要求排名者遵守评估标准,充分提供有关考核对象的具体行为事例。

客观性不是量化的结果。其实,客观性就像一个客观的批评家一样,根本不受各种情感或个人偏见的影响。要做到客观就是要做到公平,要把个人判断建立在事实基础上,实事求是地进行评价,这样才能进行客观考核,而数字与其毫无关系。我们要求所有考核人员和排名者做到的正是持有这种客观态度。当我们能做到客观时,就能经受客观性的考验。

允许员工提交补充材料

让员工呈交一份简要材料总结自己的业绩成果,有些企业认为这种做法是排名会议前能提供给排名者的一种有效信息来源,尽管不常用,但可以减轻员工的恐惧心理,毕竟员工不知排名者是否会持公正的倾听态度,特别在公司头一次使用这一办法时。排名者是否十分关注自评结果和员工单方面的陈述,是否允许并鼓励员工为排名过程提供信息,这类事实本身肯定不具有伤害性,就算刚性排名制后来遭到起诉了,也不会。

相比之下,其他公司则更进了一步,允许被排名者把同行对自己的业绩评价呈交给排名者使用,这样便形成了一个360度的信息和信息反馈循环。不过,尽管这似乎像是一条获得考核对象完整影像的有效途径,仍可能出现一种"以牙还牙"的心理,同时对考核对象作出极好但有悖事实的考核报告,令这一措施价值全无。当然,不可能所有人都会邀请同行给自己写评价意见,除非他确定同行只会写自己最好的一面。

最重要的是,这些同行不会参与刚性排名后的重要员工管理决策的制定,如提拔、奖金发放、管理能力培训项目等。也许他们的意见并不重要,但不应该因此减轻经理们评估企业人才的责任。

另外,同行评价即便很真诚,也对精确数据的取得于事

附录 C

无补。在《心理学年度报告》(Psychological Bulletin)几年前发表的某重大研究课题中,弗兰克·兰迪(Frank Landy)和詹姆斯·法尔(James Farr)针对整个业绩管理过程的一个具体方面——业绩等级进行了为期30多年的深入研究。在此课题中,他们对业绩等级的方方面面进行了研究:不同等级构成的效果、评估者和被评估者不同性格的影响等。兰迪和法尔报告驳斥了一个为人普遍接受的观点:同行在评估业绩时比老板更严厉。有3种不同的研究项目曾一致认为:"经理在评分时没有同行仁慈。"其中两个研究项目发现经理的评分比同行的评分更稳定:"与同行的评分相比,企业更认同经理的评分。"[35]

排名者与排名小组

最好保证同时接受排名的一组人有一定的可比性。尽管不可能把排名员工仅限于同工种员工,但要将一名经理、她的直接下属(其中有些是小组其他成员的顶头上司)、专家、秘书及行政助理组成一组进行刚性排名,肯定很成问题。对此困难,费舍尔、林德纳和戴维斯强调如下:

> 也许,某部门的经理会被要求给公司不同级别员工组成的小组排名。此时,经理可以不把排名建立在业绩基础上,而更多地建立在其他一些界定较少、略带偏见的标准上。在刚性排名制中,经理也许给从事文案的员工很低的等级,即使该人实现了所有的业绩期待,而经

理认为另一些员工的业绩更宝贵，更令人满意，就奖给另一些人更高等级。这如同你对苹果与橘子进行排名一样，是在自讨没趣，因为自然会有人告你不公平。[36]

避免法律纠纷的另一个颠扑不破的规则是，要求排名者只给与自己打过直接交道的员工评分。在考核对象很多的排名会议上，与会者可能是考核对象的顶头上司，对此人了如指掌；或许有几个与会者对此人的业绩质量和潜力十分熟悉；或许有些只与此人面熟，也许有一两人对此人根本不了解。在这个情况下，最了解此人的与会者应该话语权最大，但这并不意味着其余的与会者可以走出会议室去休息，虽然他们不能对此人的才华或素质进行直接评价，但能保证那些非常了解此人的人坚持标准，并要他们出示证据和实例证明自己的观点。

避免未来发生法律冲突的另一方式是，为记笔记的排名者提供专门指导。某些企业直接要求排名会议的参与者不记任何笔记，记录工作交给在场的人力资源部专家以及会议主持者（如果有的话）。尽管这样做，不能排除一不小心写在空白处的一句话有可能作为歧视诉讼案件的呈堂证供，但这样做还是有益于刚性排名制挑选公司人才，并让公司高管对这些人才留下深刻印象。如果经理不能在排名会议期间记录讨论情况，那么当他们在直系下属之外寻找人才来填补一个重要空缺时，就不能参考这些笔记。既然任何公司的排名队伍成员都可能很聪明，又对书面材料引起的法律问题十分

附录 C

敏感,最佳途径也许是告诉排名者适当记笔记的重要性,至于记什么内容,要看他们是否熟悉情况,是否具有良好的判断力。

分析各种排名结果

一旦排名会议结束,最紧要的事情之一便是审核结果,看受保护阶层成员的排名是否比其他考核对象低很多。极有可能出现的一种情况是,虽然经过多次会议讨论,但由于排名对象众多,不能对得出的数据进行分类,也就不能在将来某个时候用来证明某个受保护阶级比其他人名次低的结果是公正客观的。此时,企业该怎么做?

丽塔·里瑟律师是她的律师事务所网站 FairMeasures.com 上"问答"板板主,曾有人直截了当地问过她:

我们公司裁员名单上有很高比率的少数族裔。这样做合法吗?

当刚性排名制客观真实地反映黑人、妇女或残疾员工没有白人员工有才华时,公司应该怎样做?他们是应该像某些大学教授所做的那样,把 A 给所有黑人,以封住他们的嘴,还是举办一个小型种族培训班,帮助弱势阶层的成员从低分人群上升到高分人群?

丽塔·里瑟的回答:

留下不合格少数族裔员工,解雇白种员工,是非法的种族歧视行为。这是教科书的答案。许多人力资源部经理认为,少数族裔员工比白人员工更可能起诉公司,把他们留下来可以避免遭到起诉,但这样做在道义和事实两方面都有错误。今天,白人员工也可能以种族歧视为由起诉公司,而且有可能在法庭上博得陪审团的同情。[37]

金·穆尔(Kim Moore)是斯特拉斯堡国际法律事务所的就业法顾问,他赞同实事求是的做法,理由是:"就我个人而言,不会在事后匆匆忙忙地修补排名或分类结果。假设排名是公正的且有正确标准可循,那么篡改就会使人对其公正性产生怀疑,还会引起歧视诉讼,从而招惹更多的法律麻烦。不过,顶级员工最好也来自同一受保护群体,从而使诉讼理由不攻自破。"[38]

除检查各个群体的排名结果外,还应该全面分析排在末档的人及他们已有业绩考核等级之间存在的差异,特别当这些人属于受保护群体时。很可能会有一些人在刚性排名分类中等级虽然最低,但几年来一直因自己的业绩考核等级很高而得意。现在,刚性排名制就是要告诉他们,尽管公司管理方一直在说他们已完成了分配的工作,但是与其他同行相比,他们的业绩最差。对此种情形可能出现的问题,奥尔森和戴维斯提出忠告:"有必要分析每一例从普通等级降到较低等级的情况,因为类似情况很易招致诉讼,高级经理及人力资源部工作人员应该与该员工的经理或顶头上司讨论员

附录 C

工等级下滑的现象,然后定下最后等级,并准备充足的材料证实这一等级变化。"[39]

在刚性排名结果不被视为公司机密、且须向员工传达等级结果的公司里,可以直接与个人交流,解释为什么他以前业绩考核等级很高,而现在却被刚性排名制排在了较低等级。用刚性排名制作奖励决定时,员工业绩考核等级为良,工资低增长完全合乎情理。公司顾问协会报告的执笔者们说:"同样重要的是,达到业绩要求而业绩考核等级为一般的员工,会对自己的职业更有安全感,即使他们由于与其他同行相比排名较低因而工资有所减少,也不会士气消沉。使用这样一种办法,评分一般但排名较低的员工不可能提起歧视理由的诉讼。"[40]

关于用数据分析受保护群体是否受影响,在此我提出最后一个建议:此类分析最好在法律顾问的协助下进行,且要对数据和分析结论保密。其实,公司行政管理人员在第一次向公司内外法律顾问咨询时,就应该讨论每一步该怎样走,并在分析决定每一道程序过程中充分考虑律师与客户之间的关系,以防将来出现法律纠葛时走漏消息。

提出辞职

许多企业用刚性排名制撤换排在末位的员工。这些企业中较普遍的做法是,提供一个相当慷慨的辞退金计划,外加一纸绝不起诉公司的弃权书。这种办法之所以很受青睐,原因有二:第一,可以减少法律纠葛。正如劳拉·费舍尔及其合作者所说的那样:"你还可以向因排名低而职位不保的员工提出辞退金计划,作为交换,他们需要写一张自动离职书。太阳公司和通用公司就是这么做的。虽然你会因为年龄歧视或更大范围的歧视而遭到起诉,但是受理你公司诉讼案件的法律机构不会认可根据《就业法案关于年龄歧视的规定》而进行的区别对待起诉。这种做法的理由是,你能够击败区别对待的指控,从而明确指出你公司实际承担的义务。"[41]

第二个原因比较世俗,只做对的事情。如果刚性排名办法显示玛丽与其他同行相比贡献很少,且无成长和发展潜力,但是玛丽以前,更确切地说,长期以来一直受到上司的误导,没有得到自己真实的业绩评估结果,那么公司要承担一些责任。可以想象,如果玛丽多年以来一直被告知业绩不达标,她早就采取了改进措施来证明经理们对她的评价有误,或者为减少损失,早已决定到另一公司另起炉灶了。可是多年来,管理人员一直给她灌输"我不错,你不错"的虚假信息。然而现在,她却发现自己不仅要被解雇,而且比原来少了许多就业机会。在这种情况下,公司虽然无罪,但要为她提供一套优厚的离职计划。这套计划不仅包括工资和应得利益,还要为她在别的企业寻找工作提供一流服务。公司这样做,不仅使离职的员工日子过得容易一些,还让她留下的同事更清楚地认识了自己的公司。

一旦刚性排名措施结束,减少法律纠葛的最后一项建议是:保存所有的文字资料。你没什么可隐瞒的,所以不要隐

附录 C

藏，更不用销毁这些资料。万一你将来必须面对一帮陪审团成员，也就用不着额外解释销毁与之相关文件材料的原因了。

使一切合法

在附录 A 中，我谈到过针对埃克森公司的一例法律诉讼案，该诉讼案由一帮不满意刚性排名结果的经理提起。在本章末，回顾一下埃克森公司使用的具体自我保护措施，对将来成功地为刚性排名制进行辩护有一定价值：

1. 由全体经理参加、人力资源部经理主持的裁员会议。会议议程包括对排名制的程序及目的进行讨论，规定问答时间，强调这一制度的严肃性及公平、公开的必要性，强调公司对多样化的承诺。
2. 每名经理为自己的直系部下（接受排名的人）收集业绩评估信息。
3. 每名经理自选排名对象。这次排名时，经理们不要求用任何特别的标准，但要考虑领导能力、交流能力、安全或健康、对工作岗位的了解及人才发展方面的业绩。当然，这些也是标准，不仅能够用实例进行客观描述，而且还是领导成功至关重要的因素。
4. 个人排名表用电脑进行计算。尽管具体算法不得而知，但是用各种数据分析法检验排名过程产生的数据，能够查出任何与总体模式不符的结果。

5. 所有经理参加会议确定排名名次。
6. 人力资源部工作人员在排名表上标示出倾斜数据，以反映每个接受评估的小组（按部门和工种划分）的平均排名、少数族裔员工的平均排名，及女性员工的平均排名。
7. 经理再次开会考虑这一倾斜数据，对该年度排名办法提出自己的看法和意见。
8. 高管队伍的成员开会对排名名次进行最后审核。

埃克森公司的办法不仅能够加强公司法庭自辩力，还在如何成功完成重大项目方面起到了很好的榜样作用。埃克森公司的办法执行起来过程烦琐，所以排名人员肯定会有许多不满意见，如"为什么这么烦琐？""难道就没有更简便易行的办法吗？"尽管一切套路都做得很到位，公司还是有可能遭到起诉。

但是埃克森公司赢了。尽管为自己的行为辩护无疑代价十分高昂，但是公司在法庭上打了胜仗，还得到了一套严格的、以数据为基础的、准确的人才监管模式，这种有缺陷的人用有缺陷的工具可能设计出的最精确的人才监管模式。

试问，刚性排名游戏值得秉烛夜读吗？依目前情况看，回答当然是肯定的。

注　释

序　言

1. GE 2000 annual report to shareholders.

2. Peter F. Drucker, *Management: Tasks, Responsibilities, Practices* (New York: Harper & Row, 1973), xv.

第一章

1. James Brian Quinn, Philip Anderson, and Sydney Finkelstein, "Managing Professional Intellect: Making the Most of the Best," *Harvard Business Review*, March–April 1996.

2. Larry Bossidy and Ram Charan, *Execution* (New York: Crown Business, 2002), 95.

3. Iman Anabtawi and Lynn A. Stout, "An Inside Job," *New York Times*, March 27, 2005, 11.

4. Geoffrey Colvin, "Value Driven," *Fortune*, August 13, 2001.

5. Geoffrey Colvin, "Think You Can Bobsled? Ha!" *Fortune*, March 18, 2002.

6. Scott Cohen, PhD, national director for talent management, Watson Wyatt Worldwide, personal conversation with author, May 6, 2004.

7. Byron Woollen, "Forced Ranking: The Controversy Contin-

注释

ues," white paper, Worklab Consulting LLC.

8. Beth Axelrod, Helen Handfield-Jones, and Ed Michaels, "A New Game Plan for C Players," *Harvard Business Review*, January 2002, 83.

9. Camille A. Olson and Gregory M. Davis, "Pros and Cons of Forced Ranking and Other Relative Performance Ranking Systems," SHRM (Society for Human Resource Management) Legal Report, March 2003 (citing Hay Group working paper, Achieving Outstanding Performance Through a "Culture of Dialogue," Hay Group, 2002).

10. Michelle Quinn, *Mercury News*, http://www.siliconvalley.com.

11. Holman W. Jenkins Jr., "How to Execute 10%, Nicely," *Wall Street Journal*, July 18, 2001, Editorial page.

12. Steven E. Scullen et al., "Forced Distribution Rating Systems and the Improvement of Workforce Potential: A Baseline Simulation," *Personnel Psychology* 58 (2005): 3.

13. 同上,1页。
14. 同上,17页。
15. 同上。
16. 同上,24页。
17. 同上,27页。
18. 同上,28页。
19. 同上。
20. 同上。
21. 同上,3页。
22. 同上,19页。
23. 同上,24页。
24. Andy Meisler, "Dead Man's Curve," *Workforce Manage-*

ment，July 2003.

25. Mark Lowery, "Forcing the Performance Ranking Issue," *Human Resource Executive*, December 22, 2003.

26. John Greenwald, "Rank and Fire," *Time*, October 12, 2001.

27. Olson and Davis, "Pros and Cons of Forced Ranking."

28. Matthew Boyle, "Performance Reviews: Perilous Curves Ahead," *Fortune*, May 28, 2001.

29. Workforce.com online survey, results as of July 14, 2003.

30. Jim Kochanski, Colette Alderson, and Aaron Sorenson, "The 'State of Performance Management' Study," *Perspectives* 12, October 6, 2004, <pp? >.

第二章

1. Camille A. Olson and Gregory M. Davis, "Pros and Cons of Forced Ranking and Other Relative Performance Ranking Systems," SHRM Legal Report, March 2003.

2. Gerry Ledford and Matt Lucy, "The Rewards of Work: The Employment Deal in a Changing Economy," *Perspectives* 11, September 20, 2003.

3. Olson and Davis, "Pros and Cons of Forced Ranking."

4. Robert E. Kelley, *How to Be a Star at Work: Nine Breakthrough Strategies You Need to Succeed* (New York: Times Business Books, 1998), xvii.

5. Winsborough Limited, "Selecting for Productivity," quoting Adrian Furnham, *Personality at Work* (London: Routledge, 1992).

6. Robert Kelley and Janet Caplan, "How Bell Labs Creates Star Performers," *Harvard Business Review*, July – August 1993, 129.

注释

7. Dr. John Sullivan, "Hiring Advice: Calculate the Value of Talent," white paper, Yoh Company Technology Staffing, http://www.yoh.com/hiringadvicefull.cfm? CD=120.

8. Linkage, Inc., "Forced Ranking: Friend or Foe?" White paper, Linkage Center for Organizational Research, August 2001.

9. Christian M. Ellis, G. Barrow Moore, and Anne M. Saunier, "Forced Ranking: Not So Fast," *Perspectives—Insights for Today's Business Leaders* 11, no. 2, April 1, 2004.

10. Lisa Weber, quoted in Janet Wiscombe, "Can Pay for Performance Really Work?" *Workforce Management*, August 2001.

11. Andrall E. Pearson, "Muscle-Build the Organization," *Harvard Business Review*, July-August 1987.

12. Olson and Davis, "Pros and Cons of Forced Ranking."

13. Definition excerpted from *The American Heritage Dictionary of the English Language*, 3rd ed. (Boston: Houghton Mifflin Company, 2002).

14. Richard Goodale, March 28, 1998, http://www.learning-org.com.

15. Byron Woollen, "Forced Ranking: The Controversy Continues," white paper, Worklab Consulting LLC.

16. Susan Gebelein, quoted in Kris Frieswick, "Truth and Consequences," *CFO Asia*, July – August 2001.

17. Del Jones, "More Firms Cut Workers Ranked at Bottom to Make Way for Talent," *USA Today*, May 30, 2001.

18. 同上。

19. Edward E. Lawler III, "The Folly of Forced Ranking," *Strategy and Business*, Third Quarter 2002.

20. Malcolm Gladwell, "The Talent Myth," *New Yorker*, July 22, 2002, 29.

21. 同上。

22. 同上。

23. Andy Meisler, "Dead Man's Curve," *Workforce Management*, July 2003.

24. Grote quotation from Meisler, "Dead Man's Curve," 49.

25. Steven E. Scullen et al., "Forced Distribution Rating Systems and the Improvement of Workforce Potential: A Baseline Simulation," *Personnel Psychology* 58 (2005).

26. Charles Murray, *Human Accomplishment: The Pursuit of Excellence in the Arts and Sciences, 800 B.C. to 1950* (New York: HarperCollins, 2003).

27. Steve Constantine, quoted in Mark Lowery, "Forcing the Performance Ranking Issue," *Human Resource Executive*, October 16, 2003.

28. Lawler, "The Folly of Forced Ranking."

29. Linkage, Inc., "Forced Ranking."

第三章

1. Lisa D. Sprenkle, "Forced Ranking: A Good Thing for Business?" Workforce.com, http://www.workforce.com/archive/feature/23/09/95/2#2.

2. Camille A. Olson and Gregory M. Davis, "Pros and Cons of Forced Ranking and Other Relative Performance Ranking Systems," SHRM Legal Report, March 2003.

3. GE 的详细案例引自 Jack Welch, *Jack: Straight from the Gut* (New York: Warner Business Books, 2001)。

4. 太阳微公司的详细案例引自 John Greenwald, "Rank and Fire," *Time*, October 12, 2001, and Del Jones, "More Firms Cut Workers Ranked at Bottom to Make Way for Talent," *USA Today*,

注释

May 30, 2001。

    5. GE刚性排名制变革的信息引自the *Wall Street Journal*, July 11, 2001。

    6. Andrall E. Pearson, "Muscle-Build the Organization," *Harvard Business Review*, July – August 1987.

    7. 同上。

    8. Alan Goldstein, "EDS Drops Staffers After Assessing Jobs," *Dallas Morning News*, July 10, 2001.

    9. Robert J. Herbold, "Inside Microsoft: Balancing Creativity and Discipline," *Harvard Business Review*, January 2002.

    10. 同上。

    11. Janet Wiscombe, "Can Pay for Performance Really Work?" *Workforce Management*, August 2001, 28 – 34.

    12. Deb Capolarello, interview with editor Todd Raphael, *Workforce Management*, December 2002.

    13. 关于刚性排名制的讨论引自"Installing Pay-for-Performance Plans in Your Organization," Course 77, Economic Research Institute, http://www.eridlc.com/courses/course77/text/text_main 16.htm。

    14. Heath Row, "Is Management for Me? That Is the Question," *Fast Company*, February – March 1998.

    15. Values statement posted on http://www.intecap.com/Overview/Values.html.

    16. Anne Fisher, "Ask Annie," *Fortune*, December 2, 2002.

    17. Peter F. Drucker, "How to Make People Decisions," *Harvard Business Review*, July – August 1985.

    18. Christian M. Ellis, G. Barrow Moore, and Anne M. Saunier, "Forced Ranking: Not So Fast," *Perspectives* 11, no. 2, April 1, 2004.

19. Welch, *Jack: Straight from the Gut*, 161.

20. Olson and Davis, "Pros and Cons of Forced Ranking."

21. Laura C. Fisher, Laura A. Lindner, and Gregory M. Davis, "Forced Ranking of Employees: Assessing the Legal Risks," *ACCA Docket* 21, no. 3 (March 2003): 60–76.

22. Michael O'Malley, "Forced Ranking: Proceed Only with Great Caution," *WorldatWork Journal*, First Quarter 2003.

23. Memorandum from outside counsel to client corporation regarding mechanics of planned forced ranking system.

24. Ellis, Moore, and Saunier, "Forced Ranking."

25. Data on Sun process from John Greenwald, "Rank and Fire."

26. Fisher, Lindner, and Davis, "Forced Ranking of Employees," 60–76.

27. O'Malley, "Forced Ranking."

28. Byron Woollen, "Forced Ranking: The Controversy Continues," white paper, Worklab Consulting LLC.

29. ICI Paints information reported by Woollen, "Forced Ranking."

30. 根据他人的才能不同，相对的业绩的标准事实引自 Judy Olian, "The Force in Performance Reviews," Penn State Smeal: News Page, October 2002, http://www.smeal.psu.edu/news/releases/oct02/force.html。

31. Olson and Davis, "Pros and Cons of Forced Ranking."

第四章

1. Excerpted from *The American Heritage Dictionary of the English Language*, 3rd ed., (Boston: Houghton Mifflin Company, 2002).

2. Andrall E. Pearson, "Muscle-Build the Organization," *Har-*

vard *Business Review*, July – August 1987.

3. Robert Kelley and Janet Caplan, "How Bell Labs Creates Star Performers," *Harvard Business Review*, July – August 1993, 138.

4. Melvin Sorcher and James Brant, "Are You Picking the Right Leaders?" *Harvard Business Review*, February 2002.

5. Barbara Pachter, "Bosses Behaving Badly," *Harvard Business Review*, June 2002.

第六章

1. Peter F. Drucker, "What Makes an Effective Executive?" *Harvard Business Review*, June 2004, 58 – 63.

2. Camille A. Olson and Gregory M. Davis, "Pros and Cons of Forced Ranking and Other Relative Performance Ranking Systems," SHRM Legal Report, March 2003.

3. Alfie Kohn, *Punished by Rewards* (Boston: Houghton Mifflin, 1999), 93.

4. Edward E. Lawler III, *Treat People Right* (San Francisco: Jossey-Bass, 2003), 192 – 193.

5. The GROTEAPPROACH Web-based, performance management-system is available at http://www.groteapproach.com.

第七章

1. David J. O'Reilly, "Chairman's Letter" e-mail to Chevron employees, July 31, 2001.

2. Baylor Health Care System, Dallas, TX, Performance appraisal form, Leadership Supplement.

附录 C

1. *Wall Street Journal*, May 15, 2001.

2. *Wall Street Journal*, August 2, 2001.

3. *Detroit News*, April 29, 2001.

4. *Global News*, April 2002.

5. *New York Times*, March 19, 2001.

6. Linda Bean, "Age Discrimination at Sprint? AARP Lawyers Join Lawsuit," DiversityInc, August 12, 2004, http://www.diversityinc.com/members/7817.cfm.

7. Christine A. Amalfe and Heather Adelman, "Forced Rankings: The Latest Target of Plaintiff's Employment Lawyers," April 1, 2004, http://www.gibbonslaw.com/publications/articlesuser2.cfm?pubid=790.

8. Personal correspondence with author, February, 2005.

9. Laura C. Fisher, Laura A. Lindner, and Gregory M. Davis, "Forced Ranking of Employees: Assessing the Legal Risks," *ACCA Docket* 21, no. 3 (March 2003):60-76.

10. Amalfe and Adelman, "Forced Rankings."

11. Marty Denis, "Termination of Employment, Layoffs, and an Ageist Corporate Culture: A Risky Mix," *HR Advisor*, March/April 2002.

12. 关于刚性排名制的法律方面的不同对待和不同影响引自"Forced Ranking Performance Evaluations at Center of Pending Discrimination Litigation,"source unknown.

13. *Bibby v. Drummond Co.*, 818 F. Supp. 325 (N.D. Ala. 1993)。

14. *Godar V. Petrolite Corp.*, 982 F. 3d 525 (Table), 1992 WL 389228 (8th Cir. 1992); *Finch v. Hercules, Inc.*, 941 F. Supp. 1395 (D. Del. 1996).

15. Bernard R. Siskin, PhD, "Using Statistical Analysis in Reduction-in-Force ADEA Litigation", American Bar Association, ht-

tp://www.bna.com/bnabooks/ababna/eeo/99/eeo32.pdf.

16. Summary of the ADEA provided by the Equal Employment Opportunity Commission, http://www.eeoc.gov/types/age.html.

17. American Bar Association, http://www.abanet.org/publiced/practical/workplace_agediscrimination.html.

18. Summary of the OWBPA provided by the Equal Employment Opportunity Commission, http://www.eeoc.gov/types/age.html.

19. 见 http://www.eeoc.gov/types/age.html。

20. Bean, "Age Discrimination at Sprint?"

21. Krysten Crawford, "EEOC Complaints Down, Fines Up," CNN/Money, February 15, 2005, http://money.cnn.com/2005/02/15/news/economy/eeoc/.

22. Camille A. Olson and Gregory M. Davis, "Pros and Cons of Forced Ranking and Other Relative Performance Ranking Systems," SHRM Legal Report, March 2003.

23. Summary of Capital One litigation and quotes from AARP, "Age Discrimination," http://www.aarp.org/research/litigation/show_case?case_id=662.

24. AARP, "Age Discrimination."

25. Diane Stafford, "Judge Allows Collective Case Against Sprint," *Kansas City Star*, July 3, 2004.

26. Jennifer Bosshardt quote and details of the Sprint litigation from Stafford, "Judge Allows Collective Case Against Sprint."

27. Fisher, Lindner, and Davis, "Forced Ranking of Employees," 60-76.

28. Rita Risser, "Ask a Lawyer," FairMeasures.com, http://www.fairmeasures.com/asklawyer/archive/fall97/ask146.html.

29. William R. Hopkins, "Rethinking the Business Judgment Rule in Discrimination Cases," http://www.expertlaw.com/librar-

y/attyarticles/business_judgment. html; *Dept. of Correction v. Gibson*, 308 N. C. 131, at 140,301 S. E. 2d78 at 82,84 (1983).

30. *Mesnick v. General Elec. Co.*, 950 F. 2d 816,825 (1st Cir. 1991).

31. *Roper v. Exxon Corp.*, 27F. Supp. 2d 679 (1998 ED LA). Source of case summary unknown.

32. *Coleman v. Exxon Chem. Corp.*, 162 F. Supp. 2d 593 (2001 SD TX). Source of case summary unknown.

33. Fisher, Lindner, and Davis, "Forced Ranking of Employees,"60 – 76.

34. Denis, "Termination of Employment, Layoffs,"46 – 47.

35. Frank J. Landy and James L. Farr, "Performance Rating," *Psychological Bulletin* 87, no. 1, reprinted in *The Performance Appraisal Sourcebook* (Amherst, MA: Human Resource Development Press, 1995):134.

36. Fisher, Lindner, and Davis, "Forced Ranking of Employees,"60 – 76.

37. Rita Risser, FairMeasures. com, April 28, 2002, http://www. fairmeasures. com/asklawyer/questions/ask289. html.

38. Personal correspondence with author, August 2,2004.

39. Olson and Davis, "Pros and Cons of Forced Ranking."

40. Fisher, Lindner, and Davis, "Forced Ranking of Employees,"60 – 76.

41. 同上。

延伸阅读

图 书

Bossidy, Larry, and Ram Charan. *Execution*. New York: Crown Business, 2002. Buckingham, Marcus, and Curt Coffman. *First, Break All the Rules*. New York: Simon & Schuster, 1999.

Cronin, Doreen. *Click, Clack, Moo: Cows That Type*. New York: Simon & Schuster, 2000.

Drucker, Peter F. *Management: Tasks, Responsibilities, Practices*. New York: Harper & Row, 1973.

Giuliani, Rudolph W. *Leadership*. New York: Hyperion, 2002.

Kelley, Robert E. *How to Be a Star at Work: Nine Breakthrough Strategies You Need to Succeed* (New York: Times Business Books, 1998).

Kohn, Alfie. *Punished by Rewards*. Boston: Houghton Mifflin, 1999.

Lawler, Edward E. III. *Rewarding Excellence: Pay Strategies for the New Economy*. San Francisco: Jossey-Bass, 2003.

——. *Treat People Right*. San Francisco: Jossey-Bass, 2003.

Lawler, Edward E. III, Susan Albert Mohrman, and Gerald E. Ledford. *Creating High Performance Organizations: Practices and*

延伸阅读

Results of Employee Involvement and Total Quality Management in Fortune 1000 Companies. San Francisco: Jossey-Bass, 1995.

Longenecker, Clinton O., and Jack L. Simonetti. *Getting Results*. San Francisco: Jossey-Bass, 2001.

Michaels, Ed, Helen Handfield-Jones, and Beth Axelrod. *The War for Talent*. Boston: Harvard Business School Press, 2001.

Murray, Charles. *Human Accomplishment*. New York: HarperCollins, 2003.

Welch, Jack. *Jack: Straight from the Gut*. New York: Warner Business Books, 2001.

文　章

Abelson, Reed. "Companies Turn to Grades, and Employees Go to Court." *New York Times*, March 19, 2001.

Anabtawi, Iman, and Lynn A. Stout. "An Inside Job." *New York Times*, March 27, 2005.

Axelrod, Beth, Helen Handfield-Jones, and Ed Michaels. "A New Game Plan for C Players." *Harvard Business Review*, January 2002.

Bates, Steve. "Forced Ranking." *HR Magazine*, June 2003, 62 – 68.

Bennis, Warren. "Where Leaders Come From." *Fortune*, September 19, 1994, 242.

Boyle, Matthew. "Performance Reviews: Perilous Curves Ahead." *Fortune*, May 28, 2001.

Charan, Ram. "Ending the CEO Succession Crisis." *Harvard Business Review*, February 2005, 72.

Charan, Ram, and Geoffrey Colvin. "Why CEOs Fail." *Fortune*, June 21, 1999, 70.

延伸阅读

Collins, Jim. "Good to Great." *Fast Company*, October 2001, 100.

Colvin, Geoffrey. "We Can't All Be Above Average." *Fortune*, August 13, 2001, 144 – 148.

Dalton, Maxine A. "Using 360-Degree Feedback Successfully." *Leadership in Action* 18, no. 1(1998).

DeLong, Thomas J., and Vineeta Vijayaraghavan. "Let's Hear It for B Players." *Harvard Business Review*, June 2003.

Denis, Marty. "Termination of Employment, Layoffs, and an Ageist Corporate Culture: A Risky Mix." *HR Advisor*, March/April 2002.

Drucker, Peter F. "How to Make People Decisions." *Harvard Business Review*, July-August 1985.

——. "What Makes an Effective Executive?" *Harvard Business Review*, June 2004.

Ellis, Christian M., G. Barrow Moore, and Anne M. Saunier. "Forced Ranking: Not So Fast." *Perspectives—Insights for Today's Business Leaders* 11, no. 2, April 1, 2004.

Fisher, Anne. "Do I Fire the Bottom 10% Just Because Jack Did?" *Fortune*, September 9, 2002.

Gary, Loren. "The Controversial Practice of Forced Ranking." *Harvard Management Update*, October 2001.

Gladwell, Malcolm. "The Talent Myth." *New Yorker*, July 22, 2002.

Greenwald, John. "Rank and Fire." *Time*, June 11, 2001.

Goode, Erica. "Among the Inept, Researchers Discover, Ignorance Is Bliss." *New York Times*, January 18, 2000.

Grote, Dick, "Forced Ranking." *Executive Excellence*, July 2003.

延伸阅读

———. "Forced Ranking: Behind the Scenes." *Across the Board*, November/December 2002.

Groysberg, Boris, Ashish Nanda, and Nitin Nohria. "The Risky Business of Hiring Stars." *Harvard Business Review*, May 2004.

Herbold, Robert J. "Inside Microsoft: Balancing Creativity and Discipline." *Harvard Business Review*, January 2002.

HR Focus. "Forced Rankings: Tough Love or Overkill?" February 2002.

———. "Kinder, Gentler Reviews: A Forced Ranking Backlash?" April 2002.

Hymowitz, Carol. "In the Lead: Ranking Systems Gain Popularity But Have Many Staffers Riled." *Wall Street Journal*, May 15, 2001.

———. "Readers Tell Tales of Success and Failure Using Rating Systems." *Wall Street Journal*, May 29, 2001.

Institute of Management and Administration. "Forced Rankings: Today's Performance Reviews Are Taking a More Serious Tone," *IOMA's Pay for Performance Report*, October 2001.

Jenkins, H. W. Jr. "How to Execute 10%, Nicely." *Wall Street Journal*, July 18, 2001.

Kelley, Robert, and Janet Caplan. "How Bell Labs Creates Star Performers." *Harvard Business Review*, July-August 1993.

Kirkpatrick, David. "Dell and Rollins: The $21 Billion Buddy Act." Interview with Michael Dell and Kevin Rollins. *Fortune*, April 19, 2004.

Kochanski, Jim, Colette Alderson, and Aaron Sorenson. "The 'State of Performance Management' Study." *Perspectives* 12, October 6, 2004.

延伸阅读

Lawler, Edward E. III. "The Folly of Forced Ranking." *Strategy and Business*, Third Quarter 2002.

Ledford, Gerry, and Matt Lucy. "The Rewards of Work: The Employment Deal in a Changing Economy." *Perspectives* 11, September 30, 2003.

Levinson, Meredith. "How to Find, Fix, or Fire Your Poor Performers," *CIO Magazine*, November 1, 2003.

Longnecker, B. M. "Rank and Yank: The Problems with Forced Ranking." *Workforce Management*, July 2003.

Lowery, Mark. "Forcing the Performance Ranking Issue." *Human Resource Executive*, December 22, 2003.

Ludeman, Kate, and Eddie Erlandson. "Coaching the Alpha Male." *Harvard Business Review*, May 2004.

McBriarty, M. A. "Performance Appraisal: Some Unintended Consequences," *Public Personnel Management* 17 (Winter 1988), 421–434.

McLaughlin, Michael. "Four Ways to Lose Your Best People." *Workforce Management*, December 4, 2001

Meisler, Andy. "Dead Man's Curve." *Workforce Management*, July 2003.

———. "The Ethics of Forced Ranking." *Workforce Management*, July 2003, 49.

———. "Grading on the Curve." *Workforce Management*, July 2003.

Nobile, Robert J. Esq. "Your Compensation Analysis: Can It Be Protected Against Discovery?" *HR Advisor*, March/April 2002, 31.

O'Malley, Michael. "Forced Ranking: Proceed Only with Great Caution." *WorldatWork Journal*, First Quarter 2003.

延伸阅读

Paulos, John Allen. "An Excess of Excellence." *Wall Street Journal*, October 27, 2000.

Pearson, Andrall E. "Muscle-Build the Organization." *Harvard Business Review*, July – August 1987.

Personnel Today. "Making the Grade." April 2, 2002, 21 – 22.

Quinn, James Brian, Philip Anderson, and Sydney Finkelstein. "Managing Professional Intellect: Making the Most of the Best." *Harvard Business Review*, March – April 1996.

Satterfield, Terry. "From Performance Management to Performance Leadership." *WorldatWork Journal*, First Quarter, 2003.

Sorcher, Melvin, and James Brant. "Are You Picking the Right Leaders?" *Harvard Business Review*, February 2002.

Sprenkle, Lisa D. "Forced Ranking: A Good Thing for Business?" *Workforce Management*, July, 2003.

Stoskopf, Gregory A. "Taking Performance Management to the Next Level." *Workspan*, February 2002.

Wiscomber, Janet. "Can Pay for Performance Really Work?" *Workforce Management*, August 2001.

科研和白皮书

Davis, Patty, and Bob Rogers. "Managing the 'C' Performer: An Alternative to Forced Ranking." White paper, Development Dimensions International.

Fisher, Laura C., Laura A. Lindner, and Gregory M. Davis. "Forced Ranking of Employees: Assessing the Legal Risks." *ACCA Docket* 21, no. 3 (March 2003): 60 – 76.

Kruger, Justin, and David Dunning. "Unskilled and Unaware of It: How Difficulties in Recognizing One's Own Incompetence Lead to Inflated Self-Assessments." *Journal of Personality and Social Psy-

chology 77, no. 6 (December 1999): 1121–1134.

Linkage, Inc. "Forced Ranking: Friend or Foe?" White paper, Linkage Center for Organizational Research, Burlington, MA, August 2001.

Olson, Camille A., and Gregory M. Davis. "Pros and Cons of Forced Ranking and Other Relative Performance Ranking Systems." SHRM (Society for Human Resource Management) Legal Report, March 2003.

Scullen, Steven E., Paul K. Bergey, and Linda Aiman-Smith. "Forced Distribution Rating Systems and the Improvement of Workforce Potential: A Baseline Simulation." *Personnel Psychology* 58 (2005): 1–32.

Woollen, Byron. "Forced Ranking: The Controversy Continues." White paper, Worklab Consulting LLC, New York City.

网络资源

AARP. "Age Discrimination." http://www.aarp.org/research/litigation/show_case?case_id=662.

Amalfe, Christine A., and Heather Adelman. "Forced Rankings: The Latest Target of Plaintiff's Employment Lawyers." April 1, 2004. http://www.gibbonslaw.com/publications/articlesuser2.cfm?pubid=790.

Armour, Stephanie. "Job Reviews Take On Added Significance in Down Times."*USA Today*, July 22, 2003. http://www.usatoday.com/money/workplace/2003-07-22-reviews_x.htm.

Bernthal, Paul, Roger Sumlin, Patty Davis, and Bob Rogers. "Performance Management Practices Survey Report." Development Dimensions International (DDI). http://www.ddiworld.com/pdf/CPGN43.pdf.

延伸阅读

Clark, Kim. "Judgment Day." *US News*, January 13, 2003. http://www.usnews.com/usnews/biztech/articles/030113/13performance.htm.

Hopkins, William R. "Rethinking the Business Judgment Rule in Discrimination Cases." http://www.expertlaw.com/library/attyarticles/business_judgment.html.

Osborne, Tom, and Laurie A. McCann. "Forced Ranking and Age-Related Employment Discrimination." *Human Rights Magazine*. American Bar Association. Http://www.abanet.org/irr/hr/spring04/forced.html.

Risser, Rita. "Ask a Lawyer." FairMeasures.com. http://www.fairmeasures.com/asklawyer/archive/fa1197/ask146.html.

Sullivan, Dr. John. "Hiring Advice: Calculate the Value of Talent." White paper, Yoh Company Technology Staffing. http://www.yoh.com/hiringadvicefull.cfm?CD=120.

——. "Is Your Human Resources Department Unwittingly a 'Socialist' Institution?" *Workforce Management*. http://www.workforce.com/archive/article/23/91/05.php.

Young, Mary B. "Coming Clean to High-Performers: Should You Tell Them of Their Potential?" *Workforce Management*. http://www.workforce.com/archive/feature/22/28/74/index.php.

作者简介

迪克·格罗特（Dick Grote）是得克萨斯州达拉斯市格罗特咨询公司主席兼首席执行官。他发明了网上业绩管理制度——格罗特方法，出版过著作《无惩治而治》（Discipline Without Punishment）和《业绩考核指南》（The Complete Guide to Performance Appraisal）。这两部著作均为大型图书俱乐部选择书目，已被译成汉语和阿拉伯语。他的近作《业绩考核问答》（The Performance Appraisal Question and Answer Book）也已经出版。

帕拉蒙影业公司购买了《无惩治而治》一书的电影版权，拍摄了获奖电视连续剧《尊重与责任》（Respect and Responsibility），由迪克任主角。

迪克·格罗特的文章散见于《哈佛商业评论》、《华尔街日报》、《看股市》（Across the Board）等 20 多家商业及大众杂志和刊物上，其中包括《大都市》（Cosmopolitan）。迪克在国家公共电台《早晨》节目组工作过 5 年，专门评论职场生活。此外，他在达拉斯大学研究生院任管理学教授时间长达 20 多年。

作者简介

在大学就读期间,迪克曾是科尔盖特大学校队队员,该队在"通用大学杯"比赛中从来都是所向披靡。现在迪克现已63岁,还经常出现在竞争激烈的赛场上,偶尔捧回一个三等奖杯。